PUHUA BOOKS

我们一起解决问题

采购与供应链管理
本土实战丛书

库存控制实战手册

需求预测 + 安全库存 + 订货模型 + 呆滞管理

许栩 著

人民邮电出版社

北京

图书在版编目（ＣＩＰ）数据

库存控制实战手册 ：需求预测+安全库存+订货模型+
呆滞管理 / 许栩著. -- 北京 ：人民邮电出版社，
2021.11
　　（采购与供应链管理本土实战丛书）
　　ISBN 978-7-115-57334-6

　　Ⅰ. ①库… Ⅱ. ①许… Ⅲ. ①库存—仓库管理 Ⅳ.
①F253.4

中国版本图书馆CIP数据核字(2021)第181476号

内 容 提 要

　　供应链是企业的生命线，也是企业的核心竞争力，而库存管理是供应链管理的核心内容。在需求预测不太准确的情况下，企业应该如何做好库存管理呢？本书从实践的角度出发，系统地介绍了库存管理的基本原理与实战方法。

　　本书内容集系统性、理论性和可操作性于一体。全书共分为 5 篇、16 章，内容涵盖了需求预测概述、库存控制实践中的三个需求预测思路、时间序列预测方法与应用实例、安全库存概述、安全库存的三种计算方法、安全库存的设置、缺货管理等。通过阅读本书，读者可以掌握合理控制库存、降低库存成本、提高库存周转率的策略与方法。

　　本书适合供应链管理人员、库存管理人员及其他中高层管理者阅读，也可作为高等院校相关专业师生的参考用书。

◆　　著　　许　栩
　　责任编辑　陈　宏
　　责任印制　胡　南

◆　人民邮电出版社出版发行　　北京市丰台区成寿寺路 11 号
　　邮编 100164　电子邮件 315@ptpress.com.cn
　　网址 https://www.ptpress.com.cn

　　北京天宇星印刷厂印刷

◆　开本：700×1000　1/16
　　印张：13.75　　　　　　　　2021 年 11 月第 1 版
　　字数：300 千字　　　　　　 2025 年 11 月北京第 17 次印刷

定　价：69.00 元

读者服务热线：（010）81055656　印装质量热线：（010）81055316
反盗版热线：（010）81055315

　　目前市场上有不少关于供应链管理的书，以库存控制为主要内容的书也有一些，但是这些书往往是一些概念性的作品，主要介绍库存控制的理论、理念和思路，侧重于告诉大家在库存控制方面需要做什么和为什么要这样做。

　　笔者在供应链管理领域从业超过 20 年，希望依托自己的实践经验，总结出一个基于实践的库存控制模型，除了说明库存控制需要做什么，更侧重于告诉大家应该怎样去做。

供应链管理中的三种奇怪现象

　　在供应链管理中，有三种奇怪现象：一是有多大仓库，就会堆满多少库存；二是明明仓库放不下，但却总是缺货，缺货与爆仓齐飞；三是呆滞货物不但处理不完，反而越来越多。

　　上述三种奇怪现象在供应链管理中经常出现，初看起来有些反常，但细究之下会感到一点都不奇怪。只要进行深入研究分析，就会发现出现这三种奇怪现象的原因都是没有做库存控制，或者说库存控制做得不到位。也就是说，只要库存控制做到位，就可以有效减少或避免这三种奇怪现象。

什么叫库存控制做得到位？如何做到库存控制到位？在回答这两个问题之前，先介绍一下库存控制的定义。库存控制是指在保障供应的前提下，使库存的数量合理而进行有效管理时所采取的各项技术经济措施。

首先，库存控制的前提是保障供应。也就是说，库存控制的首要任务就是保障供应，以满足客户的需求。

其次，库存控制的目标是使库存的数量合理。这一点非常关键，库存控制是使库存合理，而不是单纯地降低库存，更不是使库存最低。

再次，库存控制具有管理职能。库存控制具有计划、组织、协调和控制等管理职能。

最后，库存控制需要有技术经济措施，即库存控制需要有技术和方法。进行库存控制光喊口号是没有用的，需要有切实可行的技术和方法。

什么叫库存控制做得到位

库存控制做得是否到位，需要一些数据和指标来体现。

库存控制的前提是满足客户的需求，目标是使库存的数量合理，基于这两点，可以将库存控制的目标归纳为四大核心指标（见图 1）。

图 1　库存控制的四大核心指标

在这四大核心指标中，及时交付率是库存控制最基础的指标，库存周转率是体现库存控制整体水平及库存管理价值的指标，呆滞比率是体现库存控制能力水平的指标，部门费率是反映库存控制或供应链管理效率的指标。

及时交付率从满足客户的需求方面体现库存控制做得是否到位，库存周转率和呆滞比率从使库存的数量合理方面体现库存控制做得是否到位，部门费率则从企业成本方面反映库存控制做得是否到位。

如何做到库存控制到位

库存控制应该怎样做，才能做到位呢？可以从以下几个方面着手。

- **需要保证库存控制的前提**

库存控制的前提是满足客户的需求。在 VUCA 时代[①]，库存控制需要管理客户的需求，往往是客户未来可能产生的需求。供应链如何知道客户未来可能产生的需求呢？这便要进行需求预测。

知道了客户未来可能产生的需求，供应链就可以准备库存，以满足客户的需求。

- **需要实现库存控制的目标**

库存控制的目标是使库存的数量合理。在经过需求预测知道客户未来可能产生的需求之后，供应链需要准备数量合理的库存来满足客户未来可能产生的需求。如何准备数量合理的库存？供应链需要采取的措施是订货。

- **需要事前与事后的补充**

从理论上来说，只要做好需求预测和订货，就可以将库存控制做到位。但是，需求预测是不太准确的。因此，根据需求预测确定的订货数量也往往是不太准确的。

需求预测不太准确怎么办？这主要分以下两种情况。

第一种情况：实际产生的需求比预测的需求多。例如，预测某产品未来一个月的需求是 10 000 个，但这个月实际产生的需求是 12 000 个，这就是预测少了。如果预测少了，按预测的结果准备的库存就无法满足客户的需求。

---

① VUCA 是 Volatility（易变性）、Uncertainty（不确定性）、Complexity（复杂性）、Ambiguity（模糊性）的首字母缩写。VUCA 时代是指变幻莫测的时代。

为了减少或避免因为预测少了而无法满足客户的需求的情况产生，供应链需要在事前准备一定数量的安全库存，以事前的安全库存来应对比预测多出的那部分库存。

第二种情况：实际产生的需求比预测的需求少。例如，预测某产品未来一个月的需求是 10 000 个，但这个月实际产生的需求是 8 000 个，这就是预测多了。如果预测多了，按预测的结果准备的库存就消耗不了，这时这些消耗不了的库存就有可能会成为呆滞库存。这就体现了库存的数量不合理。

为了减少或避免因为预测多了而造成的库存数量不合理的情况产生，供应链需要在事后进行呆滞管理，以事后的呆滞管理来应对比预测少消耗的那部分库存。

- **需要特别强调两种预警**

在库存控制实践中，供应链准备不了所有的安全库存。因此，当实际的需求远大于预测的需求时，有可能会出现缺货的情况。

显然，供应链不能等到缺货时再采取措施。供应链需要提前知道未来可能会缺货，从而提前采取应对措施，避免或减少损失。为了做到这一点，供应链需要在事中进行缺货预警。同样，供应链也不能等到呆滞货物产生了再采取行动，如果提前知道呆滞货物有可能产生，就可以提前采取应对措施。

因此，在事中，库存控制除了需要进行缺货预警，还需要进行呆滞预警。

基于上述内容，本书提出了一个库存控制实战模型（见图 2）。该模型由两个核心模块和两个辅助模块组成；同时，在事中，库存控制还需要进行非常重要的缺货预警和呆滞预警。

采用库存控制实战模型对库存控制全过程进行管理，可以满足客户的需求和使库存的数量合理。

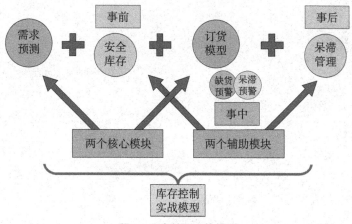

图 2　**库存控制实战模型**

　　供应链的库存控制，就是通过完成库存控制实战模型各模块的工作来达成库存控制的四大核心指标的。

目 录

第 2 篇　安全库存

第 1 篇

需求预测

第1章

需求预测概述

四五年前，经一位朋友的推荐，笔者到一家有一定规模的民营企业面试。

笔者应聘的是生产及物料控制（Production Material Control，PMC）经理，当时该企业的人力资源总监、主管副总和信息部负责人对笔者进行联合面试。在面试过程中，在谈及专业方面的内容时，他们问了笔者很多问题，包括从仓储、物流到库存控制，从生产计划、物料计划到需求预测，笔者感觉三位面试官对笔者的回答还是较满意的。

面试结束后，主管副总对笔者说："虽然你经验丰富，但你今天谈的一些关于需求预测方面的内容在企业里用不上。因为预测没什么用，预测就是'算命'。"

显然，这位主管副总对预测有较深的偏见和误解。那次面试笔者没有成功，主要原因可能是这位主管副总对预测的偏见和误解。

尽管需求预测非常重要，但是有许多供应链的从业者和管理者对其并不是很了解，更没有对其引起足够的重视。

1.1 需求预测的概念

1. 预测的概念

在 VUCA 时代，识别不确定、分析不确定和变不确定为相对确定是较好的思路和方法。"识别不确定、分析不确定和变不确定为相对确定"就是预测。

预测是指在掌握现有的信息基础上，按照一定的方法和规律对未来的事情进行测算，从而预知未来的事情发展的可能过程与结果。

2. 预测与"算命"（预言）

从预测的定义来看，预测与"算命"（预言）非常相似，它们都是对未来的事情进行预估或推测，但它们并不相同。

预测是在掌握大量资料或进行调研的基础上，通过定性、定量的分析或计算而得出的结果；而"算命"（预言）是完全定性的结果。因此，"算命"（预言）是预测的一部分。

当然，如果"算命"（预言）是经过观察、分析与计算得出结果的，那么这不是"算命"，而是预测。相反，那些不经过观察、分析与计算得出结果的其实并不是预测，而是"算命"（预言）。

3. 需求预测

预测是指对未来可能发生事情的预估或推测。预测涉及的范围非常广，因此需要对预测进行分类，然后有针对性地进行研究和管理。例如，按照预测的范围与内容，可以将预测分为经济预测、技术预测、教育预测和需求预测等类别。

需求预测是运用科学的方法和模型，根据历史数据，对未来的需求做出定性和定量的估计。

在库存控制实践中，需求预测是指在特定的一系列条件下，对未来某个时间段内的需求量进行的预估或推测。

4. 需求预测的定义包括四个方面的内容

需求预测的定义包括以下四个方面的内容。

（1）特定的一系列条件：各种影响需求的因素，如历史业绩、产品价格、促销、竞争对手动向、行业事件、政策变化及季节变化等。

（2）未来某个时间段：首先，是指未来，需求预测是面对未来的；其次，是指对未来特定时间段的预测，需求预测面对的是有起止时间的时间段，而不是单一的某个时间点。

（3）需求量：需求预测是针对需求量的预测，这个需求量是预测对象（产品或服务）的未来的需求量，既可以是数量，也可以是金额。

（4）预估或推测：采用相应的预测技术，选择适合的预测模型对预测对象的未来的需求量进行预估或推测。

1.2 为什么可以预测未来

从理论上来说，一切事物的运动与变化都是有规律的，只要找到这些规律，就可以预测未来。

预测的原理主要有三个，即连续性原理、因果性原理和类比性原理。

1. 连续性原理

客观事物在发展过程中，往往会随着时间的推移而呈现出连贯甚至连续变化的趋势。也就是说，客观事物的发展具有合乎规律的连续性，事物未来的发展趋势与过去和现在的发展趋势必然具有一定的联系。只要发现这个趋势，找到这个联系，就可以预测未来。这就是预测的连续性原理。

连续性原理的主要支持理论是惯性定律。惯性定律是基本的物理规律（牛顿定律），其可以引申出任何事物的发展与其过去的行为都是有联系的。也就是说，其过去的行为不仅会影响现在，还会影响未来。

连续性原理所说的变化趋势是指预测对象的属性或指标的变化趋势，这些属性或指标是多方面的，如变化方向、变化速度和变化周期等，它们都可能具有连续性。

需要说明的是，事物的连续性与时间密切相关，但连续性会随着时间的推移而逐渐减弱，即近期的趋势对未来的影响较大，远期的趋势对未来的影响较小。

2. 因果性原理

任何事物的发展变化都不是孤立的，各种事物之间或构成事物的各种因素之间存在直接或间接的因果关系，存在或大或小的相互影响、相互制约、相互促进的关系。只要分析这些因果，找到这些关系，就可以预测未来。这就是预测的因果性原理。

因果关系是各种事物之间普遍联系和相互作用的形式之一。必然性是因果关系的一种体现，即由因及果是一种必然。

在现实中，任何事物的发展变化都有一定的必然性和偶然性。经过进一步分析会发现，偶然性中往往隐藏着必然性，而必然性可以通过对偶然性的观察与分析而揭示出来。因此，偶然性是原因，必然性是结果，所有的偶然其实都是必然。

与因果关系紧密联系的词是相关关系。相关关系是指两个变量之间，当一个变量发生变化时，另一个变量的值虽然不确定，但它仍按照某种规律在一定的范围内变化。

相关关系不等同于因果关系，相关是偶然的，因果是必然的；相关是不确定的，因果是确定的。相关性包含因果性。供应链中的需求预测面对的是相关关系，一般使用回归分析法对相关关系进行分析和预测。

另外，相关关系或因果关系并不一定只发生在两个变量或两个事物之间，多个变量或多个事物之间也可能存在相关关系或因果关系，还可能会产生多重相关关系或多重因果关系，这些是我们做多元回归分析进行预测时需要面对的课题。

3. 类比性原理

很多事物在发展变化上可能具有一些相似特征，社会、企业乃至家庭，过去、现在和未来，各种事物之间可能存在某种类似的结构和发展模式。只要找到这些结构和发展模式，就可以根据已知事物的某种类似的结构和发展模式，来预测与之相似或类同的事物未来的结构和发展模式。这就是预测的类比性原理。

顾名思义，类比性就是类似与比较。类比性原理就是采用类推或类比的方法进行预测，把已知事物的发展规律类推到未知事物上，对未知事物的前景做出预测。

对需求预测来说，相似、类同都是类似，都适用类比性原理。

例如，某企业准备对新区域进行市场开发，这时需要预测该区域的市场发展前景。怎么预测呢？可以找到与新区域各种特征相似的已知区域，用这个已知区域的数据来预测新区域的市场发展前景。

1.3 需求预测在企业的三个层面上所起的作用

某企业的生产计划主管认为需求预测会对生产计划工作有很大的帮助，希望企业能把需求预测做起来，于是他向企业管理者提出申请。在回答企业管理者"需求预测有什么用"的问题时，他提出了一组数据：如果预测准确率提升 10%，那么订单交付率将提升 10% ~ 15%，物流成本将降低 15% ~ 25%，库存成本将降低 15% ~ 30%，资金成本将降低 15% ~ 30%，采购成本将降低 5% ~ 10%，生产效率将提升 10% ~ 15%，综合起来，企业利润将提升 5% ~ 10%（见图 1-1）。

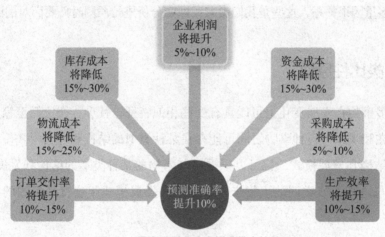

图 1-1 需求预测准确率提升带来的效果

企业管理者没有批准生产计划主管的申请（该企业的需求预测项目自然无法启动）。显然，企业管理者对他的回答并不满意。

上述案例中的生产计划主管怎样回答才能让企业管理者满意呢？他可以在提出上面一组数据的基础上，告诉企业管理者需求预测在企业的三个层面上所起的作用。

1. 在企业的执行层面上所起的作用

需求预测是制订供应链计划的基础。供应链计划主要包括需求计划、库存计划（物料计划）、生产计划和采购计划等，这些计划都需要使用需求预测的数据。也可以这样说，如果没有需求预测，就不会有执行层面的计划。

例如，某产品下周需要安排多大的产能，需要储备多少物料，这些都需要以需求预测的数据为主要输入和依据进行分析与计算；因为有促销活动，企业的相关人员预测下周相关产品出货会大幅度上扬，这时这些产品的生产计划、采购计划等都需要进行相应的调整。

当需求预测做得准确（如预测准确率提升 10%）时，物料计划就会更加准确，生产计划的执行也会更加顺畅，出货自然也会更加及时。在前面的案例中，在解释清楚需求预测在企业的执行层面上所起的作用后，生产计划主管可以这样和企业管理者说："如果预测准确率提升 10%，那么订单交付率将提升 10% ~ 15%，生产效率将提升 10% ~ 15%。"

2. 在企业的管理层面上所起的作用

需求预测在企业的管理层面上所起的作用是能够为企业的短期人员需求、生产能力分配及供应商产能储备提供数据支持。

例如，经预测，某企业未来三个月的业绩会有 150% 以上的增长。这时就需要为这可能实现的 150% 以上的增长提前规划，准备人员及物料，同时通知供应商储备产能。

因为有预测数据作支撑，所以各项工作可以提前准备，从而提升效率和降低成本。在前面的案例中，在解释清楚需求预测在企业的管理层面上所起的作用后，生产计划主管可以这样和企业管理者说："如果预测准确率提升 10%，那么物流成本将降低 15% ~ 25%，库存成本将降低 15% ~ 30%，采购成本将降低 5% ~ 10%。"

3. 在企业的战略层面上所起的作用

需求预测在企业的战略层面上所起的作用是能够为企业的生产能力规划、供应商开发及资金规划提供决策参考依据。

例如，经预测，某企业的某产品未来一两年销量将大幅度下滑，这时企业需要提前调整战略方向和生产能力、整合或开发供应商、规划未来的资金需求等。

在前面的案例中，在解释清楚需求预测在企业的战略层面上所起的作用后，生产计划主管可以这样和企业管理者说："如果预测准确率提升 10%，那么资金成本将降低 15% ~ 30%，加上订单交付率、生产效率的提升，物流成本、库存成本和采购成本的降低，综合起来，企业利润将提升 5% ~ 10%。"

生产计划主管通过上述解释，并提出预测准确率提升 10% 后的各种可能性和可见收益，企业管理者很可能会批准他的申请或至少考虑他的申请。

1.4 销售预测、销售目标和销售计划

某销售经理首次参加企业的销售会议，当会议演示下个月各销售区域的预测时，他发现自己负责的区域业绩数额比他预期的多出许多，如果没有企业的相关政策的支持，他一定完不成这么高的业绩数额。

显然，上述案例中的销售经理将销售预测当成了销售目标或销售任务。

确实，不仅仅是这位销售经理，职场上很多人不能很好地区分销售预测、销售目标和销售计划。这些人往往属于销售和供应链之外的部门，但有时销售部甚至计划人员自己都经常混淆这三个概念，或者认为这三者的意思相同。这样自然会导致一些误会，并且造成不必要的沟通成本和损失。

1. 需求预测和销售预测之间的关系

从广义的角度来说，需求预测和销售预测是不同的，需求预测包含销售预测。这是因为需求不仅是终端的销售需求，还包括其他方面的需求，如产品研

发需求、生产物料需求等。

从狭义的角度来说，需求预测和销售预测是相同的，因为销售面对的就是需求，包括物料和产品在内，企业所有的需求都是由销售需求衍生而来的。

因此，在对需求预测的研究中，如果没有特别说明，一般认为销售预测就是需求预测。本书对需求预测和销售预测不进行区分，统一称为需求预测。

2. 需求预测、销售目标和销售计划的概念

需求预测是指在特定的一系列条件下，对未来某个时间段内的需求量进行的预估或推测。

销售目标是指销售团队在一定时间内需要达到一定量的销售业绩或销售数量。销售目标可以简单地理解为销售团队需要完成的销售任务或指标。销售目标一般针对某产品、某一销售区域或事业部而设定。

销售计划是指为实现销售目标而采取的一系列专门的管理行动、策略、措施和步骤，以及对这些管理行动、策略、措施和步骤的明确规定与详细说明。销售计划是指导企业在一定时间内进行产品销售活动的行动规划和行动方案。

3. 需求预测、销售目标和销售计划的区别

（1）需求预测是客观的，销售目标是主观的，而销售计划则是两者的行动方案

例 1：某企业的某产品根据历史销售数据及各项市场信息（如促销信息等），预测下个月的销售量为 8 000 套。这个 8 000 套就是需求预测。

需求预测是根据特定的一系列条件采用一定的技术和方法分析、计算而得出的，是客观的。需求预测是市场无约束需求的真实反映，不以企业高层管理人员的意志而转移，也不受不同利益部门的干预。

例 2（承例 1）：该企业的销售总监认为该产品下个月的销量会很不错，于是他要求销售团队下个月完成 9 000 套的销售业绩。这个 9 000 套就是销售目标。

销售目标是人为设定的目标，是主观的。销售目标是根据销售团队的整体目标和策略而确定的，往往受企业高层管理人员的意志影响及不同利益部门的干预。

例 3（承例 2）：销售总监组织召开会议，讨论为达成 9 000 套的销售目标而需要采取的行动方案。这个行动方案就是销售计划。

销售计划是为实现或达成需求预测与销售目标而制定的行动方案。销售计划的根本动机是要超过或达成既定的预测量或目标，它不是去预测未来的需求量，也不是去确定目标。

（2）需求预测和销售目标具有强相关性，但在数量上需求预测不等于销售目标

销售目标可以比需求预测大（如例 2 中 9 000 套大于 8 000 套），增加的部分需要采取相应的策略来实现，如加大促销力度、制订新品计划等。销售目标也可以比需求预测小，减少的部分可能是企业因为各种需要撤出了原计划的部分资源投入。

不管销售目标比需求预测是大还是小，都需要有相应的措施来应对，而确定这些应对措施的过程就是制订销售计划。

（3）需求预测、销售目标和销售计划的先后顺序

对于需求预测、销售目标和销售计划的先后顺序，一般是先有需求预测，再有销售目标，最后才有销售计划。

例 4：某企业的华东销售大区需要设定下个季度的销售目标。这时，相关人员应先查看下个季度华东销售大区的需求预测；其次根据需求预测并考虑其他因素（如资源分配与投入等），经综合评估后设定销售目标；最后根据销售目标制订具体的销售计划。

或许有人会说，没有需求预测还不是一样设定销售目标和制订销售计划。其实不然。即使没有需求预测，相关人员在设定销售目标时往往也不是直接给出一个数字。相关人员先要查看历史数据，然后考察市场环境，听取产品、供应链等专业人员的意见，最后再设定销售目标。这个过程其实就是需求预测的过程。

销售目标在需求预测的基础上设定，销售计划在销售目标的基础上制订，因此，先有需求预测，再有销售目标，最后才有销售计划。

（4）需求预测的评价指标是预测准确率，销售目标的评价指标是目标达成率，销售计划的评价指标是计划执行率

例 5：某企业的预测人员预测某家门店未来某个月的业绩为 100 万元，但实际业绩为 150 万元。100 万元和 150 万元差距太大，显然预测不准确（预测准确率低），这位预测人员的绩效不佳。

例 6（承例 5）：当初，该企业的这家门店在需求预测出来时，它们直接以预测数据作为销售目标（100 万元），经大家的共同努力，实际达成了 150 万元，企业及门店皆大欢喜。这是因为销售目标的达成率远远超标了，这家门店的销售业绩非常好。

例 7（承例 6）：该企业为这家门店能够实现 100 万元的销售目标制订了具体的销售计划，其中有一项为搭赠活动。但实际上，该月搭赠的赠品一直未到位，后改为折价促销活动。这代表该企业的销售计划的执行情况并不理想，计划执行率低。

关于评价指标，可以各用一句话来形容：需求预测考核的是预测得准不准确，销售目标考核的是目标有没有达成，销售计划考核的是有没有按计划执行。

第 2 章

库存控制实践中的三个需求预测思路

　　一切事物的运动与变化都是有规律的，只要找到这些规律，就可以预测未来。因此，从理论上来说，所有的需求都可以做预测。

　　但是，在库存控制实践中，并不是所有的需求都值得做预测。这是库存控制实践中进行需求预测时的第一个思路。

　　为什么有些需求不值得做预测呢？原因主要有两个，一是预测成本高，预测做出来得不偿失；二是因为各种原因，需求预测做得不准确，就算做出来也没有什么用。

　　哪些需求值得做预测，哪些需求不值得做预测呢？如何区分值得与不值得呢？为解决这些问题，可以借助需求可预测矩阵来判断全部需求中哪些需求值得做预测，哪些需求不值得做预测。这是库存控制实践中进行需求预测时的第二个思路。

　　此外，在以上两个思路的基础上，还可以运用组合预测的方法（思路），以针对需求可预测矩阵中判定为值得做预测的需求进行预测。这是库存控制实践中进行需求预测时的第三个思路。

2.1　需求可预测矩阵

以数据稳定性的强与弱为横坐标，以历史数据量的多与少为纵坐标，可以得到需求可预测矩阵（见图 2-1）。

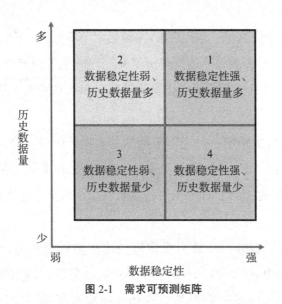

图 2-1　需求可预测矩阵

在库存控制实践中，需求可预测矩阵首先需要解决的问题是：如何定义矩阵的两个维度（横、纵两个坐标），即如何区分数据稳定性的强与弱和历史数据量的多与少。

数据稳定性的强与弱和历史数据量的多与少这两个指标目前都没有确定的固定标准，需要根据企业的实际情况来确定。建议大家采用以下标准。

（1）数据稳定性的强与弱：数据稳定性用变异系数（Coefficient of Variation，C.V）进行判定（C.V = 标准差 ÷ 平均值），如果 C.V 小于 0.4，那么判定为数据稳定性强；如果 C.V 大于等于 0.4，那么判定为数据稳定性弱。

（2）历史数据量的多与少：如果某产品的需求历史上有达到或超过一个季节周期的数据，那么判定为历史数据量多；如果只有不足一个季节周期的数据，那么判定为历史数据量少。

1. 需求可预测矩阵判定实例

表 2-1 为需求可预测矩阵判定实例，根据需求可预测矩阵的设定规则，对表中 12 种物料进行可预测判定。表中模拟了 12 种物料 13 周的数据，在分别判定数据稳定性的强与弱和历史数据量的多与少后，可以将其划入对应的矩阵象限。

（1）数据稳定性判定：以 STDEVA 函数计算标准差，以 AVERAGE 函数计算平均值，用标准差除以平均值得出 C.V。以 IF 函数判定 C.V 是否小于 0.4，如果 C.V 小于 0.4，那么判定为数据稳定性强；如果 C.V 大于等于 0.4，那么判定为数据稳定性弱。

（2）历史数据量判定：假定季节周期为 8 周，以 IF+COUNT 函数判定历史数据量是否达到 8 个（0 为有效数据），如果历史数据量在 8 个或 8 个以上，那么判定为历史数据量多；如果历史数据量在 8 个以下，那么判定为历史数据量少。

（3）矩阵象限划分：将数据稳定性与历史数据量相结合，以 LOOKUP 函数或 VLOOKUP 函数判定划分为对应的矩阵象限，即数据稳定性强、历史数据量多为第 1 象限；数据稳定性弱、历史数据量多为第 2 象限；数据稳定性弱、历史数据量少为第 3 象限；数据稳定性强、历史数据量少为第 4 象限。

表 2-1　需求可预测矩阵判定实例

物料编码	第1周	第2周	第3周	第4周	第5周	第6周	第7周	第8周	第9周	第10周	第11周	第12周	第13周	平均值	标准差	C.V	数据稳定性	历史数据量	矩阵象限
W123001	713 883.80	586 812.50	735.59	634 181.60	691 258	927 523.50	908 045.50	708 713.40	678 972.70	624 654.90	649 466.80	805 338.80	794 122.30	727 581.70	105 096.40	0.14	强	多	1
W123002	197 964.70	193 609.40	204 631.20	82 943.78	86 925.08	255 405.60	382 416.50	180 278.90	207 673.20	202 689	208 326.80	257 908.60	306 515.30	212 868.30	79 566.87	0.37	强	多	1
W123003	249 191.10	231 747.70	156 320.50	165 831.80	181 751.70	181 611.40	167 990.50	164 817.80	181 561.10	164 675.90	156 865.20	177 257.70	191 240.30	182 374	28 047.81	0.15	强	多	1
W123004	0	0	44 974	252 960.10	272 185.10	0	0	270 013.40	194 524.90	194 135.90	0	199 366.70	0	109 858.50	119 507.20	1.09	弱	多	2
W123005	70 226.10	61 869.19	6 377.98	116 405.80	118 035.50	3 506.70	3 850.36	152 487	64 877.96	64 683.33	1 430.09	78 896.44	65 984.12	62 202.35	48 508.79	0.78	弱	多	2
W123006	5 513.70	4 637.02	8 296.20	10 894	1 188.14	5 597.84	5 676.21	10 558.80	9 276.66	6 818.35	19 374.56	1 109.77	15 796.30	8 056.73	5 249.57	0.65	弱	多	2
W123007	209.50	182.68	712.30	1 072.64	1 146.65	0	5 186.12	92.18	3 033.56	2 972.89	0	0	25.14	1 125.67	1 620.77	1.44	弱	多	2
W123008	—	—	—	—	41.90	167.60	1 324.04	5 916.28	2 279.36	3 796.14	3 720.72	2 639.70	197 583.60	24 163.26	65 059.33	2.69	弱	多	3
W123009	—	—	—	—	—	—	—	8.38	134.08	110.35	2 933	3 484.40	16	1 114.37	1 632.37	1.47	弱	少	3
W123010	—	—	—	—	—	—	—	—	139 937.60	120 766.20	143 549.40	185 178.70	228 003	163 487	13 040.66	0.26	强	少	4
W123011	—	—	—	—	—	—	—	—	—	—	170 197.80	194 365.90	212 751.40	192 438.40	21 342.20	0.11	强	少	4
W123012	—	—	—	—	—	—	—	—	—	—	—	335.20	6 301.76	3 318.48	4 219	1.27	弱	少	3

2. 需求可预测矩阵的四个象限说明

需求可预测矩阵的四个象限说明如下。

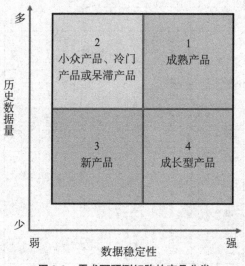

图 2-2　需求可预测矩阵的产品分类

（1）第 3 象限，数据稳定性弱且历史数据量少

首先看第 3 象限。这个象限里的产品一般是企业的新产品（见图 2-2）。这类产品的需求不值得做预测。这是因为数据稳定性弱且历史数据量少的产品的需求预测根本没有办法做。

（2）第 2 象限，数据稳定性弱但历史数据量多

其次看第 2 象限。这个象限里的产品一般是企业的小众产品、冷门产品或呆滞产品（见图 2-2）。这类产品尽管有数据，但数据稳定性弱，也不值得做预测。虽然这类产品的预测可以做，也有办法做，但难以做准确。在库存控制实践中，既然预测做不准确，那不如不做。

（3）第 4 象限，数据稳定性强但历史数据量少

然后看第 4 象限。这个象限里的产品一般是企业的成长型产品（见图 2-2）。这类产品尽管数据稳定性强，但因为历史数据量少，其数据稳定性有很大的不确定性。因此，这类产品需要谨慎地做预测。在预测过程中，预测人员需要密

切关注实际需求的变化，以便及时调整与纠偏。

（4）第 1 象限，数据稳定性强且历史数据量多

最后看第 1 象限。这个象限里的产品一般是企业的成熟产品（见图 2-2）。这类产品对企业的整体业绩贡献往往超过 50%，因为这类产品的数据稳定性强且历史数据量多，因此，对其进行需求预测特别有价值。

3. 需求可预测矩阵的动态变化

在 VUCA 时代，唯一不变的就是变化。需求可预测矩阵同样需要动态更新，不能一成不变。例如，上个月的冷门产品，也许这个月就成了爆款；昨日的成熟产品，可能今天卖不动成为呆滞产品。

因此，需求可预测矩阵需要根据市场和企业的实际情况定期或不定期地进行调整和更新。

（1）定期：建议大家至少每两个月对需求可预测矩阵进行一次调整和更新，每次都采用历史 13 周的数据，按前面实例中的方法进行四个象限的判定，并根据判定结果调整归属各象限的产品。

（2）不定期：一般是指发现异常时增加一次需求可预测矩阵的判定。例如，某产品近期销量下滑明显且起伏不定，这时需要进行四个象限再判定。不定期的判定宜采用历史 8 周以内的数据。

2.2　库存控制实践中需求预测的整体思路

根据需求可预测矩阵，首先需要确定哪类产品需要做预测（值得做预测），然后考虑如何对这类产品做预测（采用什么方法做预测）。

新产品不做预测，直接以市场人员（或销售人员、相关负责人）的主观评估和判断作为库存控制模型的输入，如表 2-1 中的 W123009 和 W123012。

小众产品、冷门产品或呆滞产品再分成两类，即 C.V 大于等于 0.8 的和 C.V

在 0.4 ~ 0.8 之间的。对于 C.V 大于等于 0.8 的产品，不做预测，采用按单制造（Make To Order，MTO），如表 2-1 中的 W123004、W123007 和 W123008。对于 C.V 在 0.4 ~ 0.8 之间的产品，以专家意见加权评估法进行定性预测，如表 2-1 中的 W123005 和 W123006。

成长型产品可以做简单的预测，一般采用移动平均法或一次指数平滑法进行预测，如表 2-1 中的 W123010 和 W123011。

成熟产品最值得做预测，如表 2-1 中的 W123001、W123002 和 W123003。

对于成熟产品如何做预测，可以从以下四个方面着手。

（1）以时间序列做初步预测。做预测就好比建房子，很难一蹴而就。一般来说，建房子的第一步是搭建房子的整体框架。以时间序列做初步预测，其实就是搭建房子的整体框架。

（2）定量调整。建房子的第二步是进行内外墙的粉刷，并做一定的改造与修补。需求预测也是一样的，第二步需要进行定量调整，即采用定量的方法对以时间序列做的初步预测进行调整。所谓定量的方法，就是以数据说话，经计算、分析得出结果的方法。

（3）定性调整。定性调整相当于给房子做装修。在需求预测中，定性调整是非常关键的一步。

（4）预测与纠偏。房子装修好入住后，可能还会出现一些问题，我们要及时发现这些问题，改正、弥补或解决这些问题，这就是预测与纠偏。

1. 以时间序列做初步预测

随着一些软件的普及，一般来说企业目前都会有一些数据，尤其是历史销售数据，这就为以时间序列做初步预测奠定了坚实的基础。不过，现今是 VUCA 时代，销售区域整合速度快，产品更新速度更快，有些销售区域或产品尽管有历史数据，但数据可能不是很多。因此，具体采用哪种时间序列方法来做初步预测，需要根据历史数据量来确定。

（1）如果有三个季节长度或以上的数据，不管有没有季节性，建议大家采用 Holt-Winters 三参数指数平滑法进行预测。

需要说明的是，三个季节长度的数据并不一定是三年的数据。季节长度并不一定非得一年 12 期，如果在一个周期内表现出季节性，那么这个周期就是季节长度。这里可以将季节性理解为周期性。例如，某企业每个星期的销售特征非常明显，即每个星期一业绩最高，星期二至星期四业绩缓慢下降，星期五业绩开始下滑，星期六业绩降至最低，星期日业绩开始上扬。这就是典型的季节性，季节长度则是一个星期（七天）。

（2）如果有 1 ~ 2 个季节长度的数据，建议大家采用移动平均法进行预测。

（3）如果有 2 ~ 3 个季节长度的数据，可以采用 Holt-Winters 三参数指数平滑法或移动平均法进行预测。

2. 定量调整

在需求预测实践中，以时间序列做初步预测的劣势是不能考虑外部因素对需求的影响，不管是移动平均还是指数平滑，都无法考虑诸如降价、促销、竞品上市等外部因素对需求的影响，因此，需要对以时间序列做的初步预测进行第一次调整。

对于这一步的调整，可以采用定量调整的方法。常用的定量调整的方法是回归分析法。在库存控制实践中，尽管有很多销售记录（历史数据），但往往缺乏足以支撑进行回归分析的数据。例如，最常见的促销，在实际工作场景中，哪怕系统再先进，也很少去记录且也很难记录促销的具体信息与数据（如促销投入的资源、促销影响销售的时间长度等）。没有这些数据，就无法真正地做回归分析。因此，在定量调整中，回归分析法在很多时候用不上。当然，如果企业数据管理较规范和先进，并且数据全面，那么可以优先采用回归分析法进行定量调整。

如果没有足以支撑进行回归分析的数据，就不能采用回归分析法进行定量调整，这时该怎么办呢？可以采用人工定量调整的方法。所谓人工定量调整，就是库存控制人员选择相关历史数据，计算得出相应的系数，然后用这个系数对以时间序列做的初步预测进行定量调整。

例如，对于当年"双十一"的需求预测，库存控制人员应找出去年或前年"双十一"前后的销售数据，人工计算出"双十一"前期和后期的增长系数，用这个增长系数来调整以时间序列做的初步预测；对于此次常规促销的需求预测，库存控制人员应找到前两次类似促销活动的相关数据，人工计算出促销增长系数，用这个系数来调整以时间序列做的初步预测。

3. 定性调整

在对以时间序列做的初步预测进行定量调整后，需要进行第二次调整（定性调整）。建议大家采用专家意见加权评估法进行定性调整。

4. 预测与纠偏

经过以上三步，便得到了最终预测。但是，得到了最终预测就完事了吗？当然没有。在需求预测实践中，得到了最终预测只是万里长征走完了第一步。

有这样一种说法：供应链中具有挑战性且吃力不讨好的任务就是需求预测。为什么会这样说？因为预测是不太准确的。虽然预测是不太准确的，但又必须去做，这该怎么办呢？好的解决办法便是事中与事后跟进，进行预测与纠偏，即跟进需求预测与实际需求的全过程，及时地调整偏差来应对预测的不准确。

第3章
时间序列预测方法与应用实例

3.1 移动平均法

移动平均法是指用一组最近的实际数据值来预测未来一期或几期内企业产品的需求量的一种需求预测方法。移动平均法的具体操作是：每次平均后往后移动一期数据，将最旧的一期数据值剔除掉，加入新的一期数据值重新求平均。

移动平均法是一种常见的时间序列预测方法。它的基本思路是：根据时间序列的推移，依次滚动、逐步推移计算包含固定期数的平均值，以预测未来的需求。这个固定期数（也称移动期数或移动项数）是提前设定的，即需要取多少期数据值求平均。

移动平均法根据移动平均的次数，可以分为一次移动平均法和二次移动平均法；根据各期数据是否加权，可以分为简单移动平均法和加权移动平均法。

1. 一次移动平均法的计算公式

一次移动平均法的计算公式如下：

$$公式 1：F_{t+1} = \frac{s_t + s_{t-1} + s_{t-2} + \cdots + s_{t-n+1}}{n}$$

$$公式 2：F_{t+1} = \frac{s_{t-1} + s_{t-2} + \cdots + s_{t-n}}{n}$$

公式中，F_{t+1} 为下一期预测值，是移动期数的算术平均数；t 为当前期，$t+1$ 为下一期，即需要预测的预测期，$t-1$ 为当前期的上一期，$t-2$ 为当前期的上两期；n 是提前设定的固定移动期数；s 是每一期的实际数据，s_t 为当前期的实际数据，s_{t-1} 为上一期的实际数据，s_{t-2} 为上两期的实际数据。

在实际工作场景中，往往是在当前期做下一期的预测，而当前期的实际数据在做预测时还没有出来，这时一般采用以下两种解决办法。

（1）尽可能在当前期的最后时间段做预测，主观预估最后时间段的数据或直接忽略最后时间段的数据。

（2）不使用当前期的数据，使用当前期之前已经确定的数据。

2. 移动期数的确定

移动平均法需要解决的第一个问题是移动期数的确定。移动期数不能太长，否则就越接近算术平均，并且会使预测值对数据实际变动完全不敏感。移动期数也不能太短，否则会使数据变化剧烈，从而导致平均值失真。

在以移动平均做预测的情况下，针对移动期数的确定，可以采用以下两个标准。

（1）如果需求有明显的季节性或周期性变化，那么移动期数等于季节长度。例如，如果以天为统计单位，一周内，周一至周五销售低迷，周末产品的销量就会提升，那么移动期数可以设定为七期。

需要注意的是，以季节长度为移动期数做的移动平均预测是初步预测，不能直接使用，因为以季节长度为移动期数的移动平均去除了季节性成分，需要进一步进行定量和定性的调整。

（2）需求没有季节性或周期性变化的话，如果时间序列中不规则变动的影响较大，那么移动期数取大；如果时间序列中不规则变动的影响较小，那么移动期数取小。

3. 简单移动平均法与加权移动平均法

简单移动平均法是将过去滚动的若干期（移动期数）的真实需求求取一个平均值，从而得到需求预测值的一种需求预测方法。

在实际需求场景中，新的数据比旧的数据更接近预测值，或者满足某种规则的数据比一般的数据更接近预测值。考虑到这一点，在简单移动平均的基础上，给新的数据赋予较大的权重，这样预测出来的结果会更加准确、可靠。这样一来，就形成了加权移动平均法。

4. 什么是加权移动平均法

为了能够使移动平均更好地反映时间序列水平，一般对不同期的观察值分别赋予不同的权重，按不同的权重求取移动平均，从而得出预测值。这种以不同的权重计算移动平均值来进行需求预测的方法就是加权移动平均法。

之所以采用加权移动平均法，主要是因为不同的观察期对预测值的影响不同，采用不同的权重进行修正，更能反映需求变化的趋势，从而弥补简单移动平均法的不足。

由于加权移动平均能够区别对待历史数据，因此在很多方面，加权移动平均法优于简单移动平均法。但是，加权移动平均法操作起来比简单移动平均法复杂，因此，加权移动平均法不如简单移动平均法应用广泛。

5. 加权移动平均法的计算公式

加权移动平均法的计算公式如下：

$$公式1：F_{t+1} = \frac{w_1 s_t + w_2 s_{t-1} + w_3 s_{t-2} + \cdots + w_n s_{t-n+1}}{w_1 + w_2 + \cdots + w_n}$$

$$公式2：F_{t+1} = \frac{w_1 s_{t-1} + w_2 s_{t-2} + \cdots + w_n s_{t-n}}{w_1 + w_2 + \cdots + w_n}$$

公式中，F_{t+1} 为下一期预测值，是移动期数的加权平均数；t 为当前期，$t+1$ 为下一期，即需要预测的预测期，$t-1$ 为当前期的上一期，$t-2$ 为当前期的上两期；w 为加权权重，也称加权权重系数。当全部期数的加权权重相等时，加权移动平均就是简单移动平均。也可以这样说，简单移动平均是加权移动平均的特殊形式（即全部加权权重相等）；n 是提前设定的固定移动期数；s 是每一期的实际数据，s_t 为当前期的实际数据，s_{t-1} 为上一期的实际数据，s_{t-2} 为上两期的实际数据。

需要说明的是，公式1采用当前期数据，公式2不采用当前期数据。

6. 加权权重的两种设定方法

加权移动平均法比一次移动平均法要复杂一些，因为除了需要确定移动期数，还需要确定每一期的加权权重。

加权权重其实是对数据的重要性进行的评估。加权权重的设定方法有以下两种。

（1）主观赋权法：又称经验法，是指根据预测人员的工作经验及对数据的把握程度，主观设定每一期的加权权重，是一种定性的方法。预测人员认为，如果近期的数据对未来的需求的影响大，那么近期的权重取大；如果远期的数据对未来的需求的影响小，那么远期的权重取小。

（2）客观赋权法：又称试算法，是指根据原始数据之间的关系来确定每一期的加权权重，是一种定量的方法。

7. 加权移动平均法应用实例

本例计算加权移动平均值所采用的是 SUMPRODUCT 函数，其作用是加权求和。如表 3-1（本表采用当前期数据，在期末做预测）所示，第 21 期的预测值 = 第 20 期的实际值 ×0.4+ 第 19 期的实际值 ×0.2+ 第 18 期的实际值 ×0.2+ 第 17 期的实际值 ×0.1+ 第 16 期的实际值 ×0.1 = 12 948×0.4+13 710×0.2+18 564×0.2+18 885×0.1+16 363×0.1≈15 159。

表 3-1　加权移动平均法应用实例

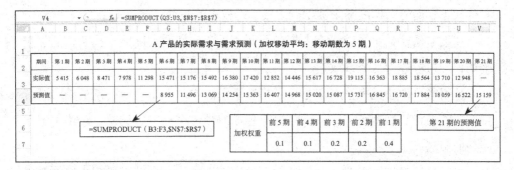

8. 移动平均法的优劣势

移动平均法轻灵简便，能有效地消除预测中的随机波动，这是移动平均法的优势。而存在迟缓，不能很好地反映趋势和季节性则是移动平均法的劣势。

因此，移动平均法适用于当产品需求既不快速增加也不快速减少，并且不存在季节性因素时的即期预测。

3.2　指数平滑法

常见的指数平滑法有一次指数平滑法、自适应指数平滑法、Holt 双参数指数平滑法和 Holt-Winters 三参数指数平滑法。在库存控制实践中，常使用的是一次指数平滑法和 Holt-Winters 三参数指数平滑法。

1. 指数平滑法的概念

指数平滑法由罗伯特·布朗（Robert G. Brown）提出，是在加权移动平均法的基础上发展起来的一种时间序列预测方法。

布朗认为，最近的过去态势在某种程度上会持续到最近的未来，所以要赋予最近的数据较大的权重。也就是说，指数平滑法是给近期的需求数据赋予较大的权重，而给远期的需求数据赋予较小的权重的一种加权移动平均法。

指数平滑法认为，对未来一期的预测值，是本期的实际值与预测值的加权平均，加权权数为平滑系数。

从指数平滑法的概念可以看出，指数平滑法本质上是对前一期的需求进行预测，然后计算预测偏差，并根据这个偏差对预测结果加以调整，最终生成下一期的预测。

指数平滑法实际上是一种特殊的加权移动平均法。指数平滑法的基本逻辑是：最近的过去态势较更远的过去态势更能影响未来，最近的数据对未来更有用，近期的数据比远期的数据更能预测未来。于是，指数平滑法在对近期数据与远期数据进行加权平均时，加权权数是将较大的权重赋予给近期数据，将较小的权重赋予给远期数据。

基于以上逻辑，指数平滑法的基本假设是：数据越远期，其重要性越弱；数据越近期，其重要性越强。

如果这一假设正确，与时间序列吻合，那么指数平滑法就是一种逻辑性强且简单的时间序列预测方法。如果这一假设不正确，那么采用指数平滑法进行预测将会带来较大的偏差，预测结果将不准确。

2. 一次指数平滑法的计算公式

一次指数平滑法的计算公式如下：

$$F_{t+1} = F_t + \alpha\,(S_t - F_t)$$

公式中，F_{t+1} 为下一期的预测值；F_t 为当前期的预测值；S_t 为当前期的实际值；α 为平滑系数。

假设 t 期是指当月，那么 F_{t+1} 为下个月的预测值，F_t 为当月的预测值，S_t 为当月的实际值。

例如，已知当月 A 产品的预测值为 4 905 个，实际值为 4 853 个，平滑系数为 0.2。A 产品下个月的预测值 = 当月的预测值 + 平滑系数 ×（当月的实际值 − 当月的预测值）= 4 905+0.2 ×（4 853 − 4 905）≈ 4 895（个）。

上述一次指数平滑法的计算公式可以调整为：

$$F_{t+1} = \alpha S_t + F_t\,(1-\alpha)$$

同样，一次指数平滑预测也会遇到当前期的实际数据还没有出来的情况，如果不使用当前期的实际数据，一次指数平滑法的计算公式可以调整为：

$$F_{t+1} = F_{t-1} + \alpha\,(S_{t-1} - F_{t-1})$$

3. 什么是平滑系数

平滑系数，也称平滑常数，用 α 表示，是指数平滑法的一个系数。平滑系数代表新旧数据的分配值。它的大小体现着当前预测对近期数据和远期数据的依赖程度，也代表指数平滑模型对时间序列变化的反应速度，又决定了预测模型修匀随机误差的能力。α 取值在 0 ~ 1 之间（即 $0<\alpha<1$）。

4. 如何确定 α 值

α 取值的原则为：通过 α 值，进行指数平滑预测出来的预测值与实际值之间的误差最小。

确定 α 值主要有两种方法，分别是经验判断法和试算评估法。

（1）经验判断法

所谓经验判断法，就是凭预测人员的经验和主观判断，选取一个合适的 α 值。

α 值越小，平滑作用越强，对预测结果的调整就越小，对实际数据变动的反应就越迟缓。α 值越大，对实际值的变化越敏感，对预测结果的调整就越大，对近期数据的依赖程度就越高。

依据经验判断法，α 的取值范围如下。

① 当时间序列较平稳，α 取值在 0.05 ~ 0.2 之间。

② 当时间序列有波动，呈一定的随机变化，α 取值在 0.1 ~ 0.4 之间。

③ 当时间序列波动较大，数据的随机性较大，α 取值在 0.5 以上。

如果 α 值大于 0.5 才能赶上序列变化（即时间序列波动很大），那么表示需求有很强的趋势，不能采用一次指数平滑法进行预测，需要采用 Holt 双参数指数平滑法等进行预测。

（2）试算评估法

试算评估法是对需要进行预测的时间序列（历史数据），按指数平滑模型采取不同的 α 值分别进行预测（试算），然后对比评估不同的 α 值的预测结果，选取预测结果最优的 α 值作为最终确定的 α 值。一般用平均百分比误差（Mean Absolute Percentage Error，MAPE）作为评定预测结果的指标，MAPE 最小的 α 值作为最终确定的 α 值。

表 3-2 为采用试算评估法确定 α 值实例。表中有 20 期数据，分别用不同的 α 值对这些数据进行试算。

表 3-2　采用试算评估法确定 α 值实例

期间	MAPE	α = 0.05	10.24%	α = 0.1	9.86%	α = 0.15	9.64%	α = 0.2	9.74%	α = 0.25	9.89%	α = 0.3	10.02%
	实际值	预测值	APE	预测值	APE	预测值	APE	预测值	APE	预测值	APE	预测值	APE
第 1 期	22 274	20 852	6.38%	20 852	6.38%	20 852	6.38%	20 852	6.38%	20 852	6.38%	20 852	6.38%
第 2 期	19 186	20 923	9.05%	20 994	9.42%	21 065	9.79%	21 136	10.16%	21 208	10.54%	21 279	10.91%
第 3 期	21 095	20 836	1.23%	20 813	1.34%	20 783	1.48%	20 746	1.65%	20 703	1.86%	20 651	2.10%
第 4 期	21 183	20 849	1.58%	20 841	1.61%	20 830	1.67%	20 816	1.73%	20 801	1.80%	20 784	1.88%
第 5 期	18 397	20 866	13.42%	20 875	13.47%	20 883	13.51%	20 889	13.55%	20 897	13.59%	20 904	13.63%
第 6 期	23 259	20 743	10.82%	20 627	11.32%	20 510	11.82%	20 391	12.33%	20 272	12.84%	20 152	13.36%
第 7 期	19 552	20 869	6.74%	20 890	6.84%	20 922	7.01%	20 965	7.23%	21 019	7.50%	21 084	7.84%
第 8 期	20 462	20 803	1.67%	20 756	1.44%	20 717	1.25%	20 682	1.08%	20 652	0.93%	20 624	0.79%
第 9 期	23 834	20 786	12.79%	20 727	13.04%	20 679	13.24%	20 638	13.41%	20 605	13.55%	20 575	13.67%
第 10 期	21 026	20 938	0.42%	21 038	0.06%	21 152	0.60%	21 277	1.19%	21 412	1.84%	21 553	2.51%
第 11 期	25 562	20 942	18.07%	21 037	17.70%	21 133	17.33%	21 227	16.96%	21 316	16.61%	21 395	16.30%
第 12 期	21 971	21 173	3.63%	21 490	2.19%	21 797	0.79%	22 094	0.56%	22 378	1.85%	22 645	3.07%
第 13 期	26 070	21 213	18.63%	21 538	17.38%	21 823	16.29%	22 069	15.35%	22 276	14.55%	22 443	13.91%
第 14 期	25 528	21 456	15.95%	21 991	13.86%	22 460	12.02%	22 869	10.42%	23 225	9.02%	23 531	7.82%
第 15 期	27 157	21 660	20.24%	22 345	17.72%	22 920	15.60%	23 401	13.83%	23 801	12.36%	24 130	11.15%
第 16 期	23 429	21 935	6.38%	22 826	2.57%	23 556	0.54%	24 152	3.09%	24 640	5.17%	25 038	6.87%
第 17 期	18 533	22 010	18.76%	22 886	23.49%	23 537	27.00%	24 007	29.54%	24 337	31.32%	24 555	32.49%
第 18 期	20 505	21 836	6.49%	22 451	9.49%	22 786	11.12%	22 912	11.74%	22 886	11.61%	22 748	10.94%
第 19 期	27 598	21 769	21.12%	22 256	19.36%	22 444	18.68%	22 431	18.72%	22 291	19.23%	22 075	20.01%
第 20 期	24 906	22 060	11.43%	22 790	8.50%	23 217	6.78%	23 464	5.79%	23 618	5.17%	23 732	4.71%

注：APE（Absolute Percentage Error）表示百分比误差。

从表 3-2 中的计算结果可以看出，当 α 值为 0.05、0.1、0.15、0.2、0.25 和 0.3 时，MAPE 分别为 10.24%、9.86%、9.64%、9.74%、9.89% 和 10.02%。显然，α 值为 0.15 最优。

5. 初始值与初始值的确定

用一次指数平滑法进行预测，按照计算公式，当前期的预测值是上一期的实际值与预测值的加权平均。上一期的实际值是已知的，那么上一期的预测值是怎么来的呢？按照指数平滑法的计算公式，上一期的预测值为上上期的实际值与预测值的加权平均，依此类推，一直往前计算。

那么问题来了，一直往前计算，算到什么时候为止呢？再说数据有限，总要有一个最初的预测值。这就引出了初始值的概念。

初始值是指第一期的预测值。初始值的确定有以下三种方法。

（1）如果历史数据量少，一般以前几期实际值的算术平均值为初始值。前几期可以是前 2 期，也可以前 5 期，根据数据特性和实际情况而定，大多数情况下取前 3 期。

（2）如果历史数据量多，可以使用第 1 期的实际值作为初始值。

（3）如果刚开始采用指数平滑法做预测，即没有历史数据，那么可以主观预估初始值，同时取较大的 α 值（如 α 取值在 0.6 以上），以削弱初始值的影响。

6. 一次指数平滑法应用实例

一次指数平滑法应用实例如表 3-3 所示。A 产品的前 20 期实际需求数据如表中第三行"实际值"所示。有了这些数据，就可以采用一次指数平滑法对 A 产品的第 21 期的需求进行预测。

表 3-3　一次指数平滑法应用实例

A 产品的实际需求																				
期间	第1期	第2期	第3期	第4期	第5期	第6期	第7期	第8期	第9期	第10期	第11期	第12期	第13期	第14期	第15期	第16期	第17期	第18期	第19期	第20期	第21期
实际值	6 553	6 402	7 326	15 194	8 304	9 825	16 949	9 677	12 546	9 704	17 175	20 840	8 577	7 197	10 816	12 224	10 496	11 124	10 141	11 993	—
预测值	6 553	6 553	6 523	6 683	8 386	8369	8 660	10 318	10 190	10 661	10 470	11 811	13 617	12 609	11 526	11 384	11 552	11 341	11 298	11 066	11 252

具体步骤如下。

第一步，确定初始值。本例采用第 1 期的实际值（6 553）作为初始值。

第二步，确定平滑系数。本例 α 取值为 0.2。

第三步，计算第 2 期的预测值。按照一次指数平滑法的计算公式，第 2 期的预测值＝第 1 期的预测值＋平滑系数 × （第 1 期的预测值－第 1 期的实际值），将相应的参数代入该公式，即可得到第 2 期的预测值（6 553）。

第四步，按照上述计算方法，逐一计算各期的预测值，直到计算出第 21 期的预测值（11 252）。

7. 一次指数平滑预测曲线图

图 3-1 为一次指数平滑预测曲线图。从图中可以看出，实际值与预测值的曲线差异较大，拟合不是很好。这是因为一次指数平滑法适合没有趋势和季节性，或者趋势不明显的预测，而这组数据波动较大，既有趋势又有季节性，因此，用一次指数平滑法进行预测会带来较大偏差。

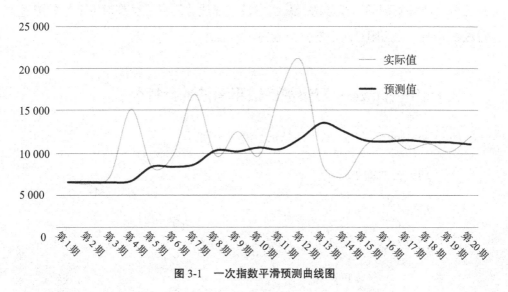

图 3-1　一次指数平滑预测曲线图

一次指数平滑法是一种特别适合在水平模式下的需求预测方法。一次指数平滑法适合无趋势、无季节性的需求数据。

在现实中，无趋势、无季节性的需求数据非常少，甚至往往是不存在的。因此，就需要一种能将趋势和季节性都考虑到的需求预测方法。为此，Holt 双参数指数平滑法和 Holt-Winters 三参数指数平滑法应运而生。Holt 双参数指数平滑法对有趋势特点的需求数据具有较强的预测能力，而 Holt-Winters 三参数指数平滑法则是能同时预测趋势和季节性的一种需求预测方法。

8. Holt-Winters 三参数指数平滑法的概念

Holt-Winters 三参数指数平滑法由彼得·温特斯（Peter R. Winters）通过添加季节性构成（季节性指数），在 Holt 双参数指数平滑法的基础上扩展而来。

温特斯采用三个参数 α、β 和 γ，使用三个等式来涵盖水平、趋势和季节性构成。Holt-Winters 三参数指数平滑法也称 Winters 方法，又称带有趋势和季节性的指数平滑法。

按照对季节性采用的建模方式的不同，可以将 Holt-Winters 三参数指数平滑法分为两种不同的建模方法：乘法建模和加法建模。乘法是对季节性构成进行相乘处理，加法则是对季节性构成进行相加处理。

9. Holt-Winters 三参数指数平滑法的计算公式

Holt-Winters 三参数指数平滑法的计算公式如下：

乘法公式如下：

$$L_t = \alpha \frac{S_t}{C_{t-s}} + (1-\alpha)(L_{t-1}+T_{t-1})$$

$$T_t = \beta(L_t - L_{t-1}) + (1-\beta)T_{t-1}$$

$$C_t = \gamma \frac{S_t}{L_t} + (1+\gamma)C_{t-s}$$

$$F_{t+m} = (L_t + T_t m)C_{t-s+m}$$

加法公式如下：

$$L_t = \alpha(S_t - C_{t-s}) + (1-\alpha)(L_{t-1}+T_{t-1})$$

$$T_t = \beta(L_t - L_{t-1}) + (1-\beta)T_{t-1}$$

$$C_t = \gamma(S_t - L_t) + (1-\gamma)C_{t-s}$$

$$F_{t+m} = L_t + T_t m + C_{t-s+m}$$

公式中，L 表示水平；T 表示趋势；C 表示季节性；S 为实际值；α 为水平平滑系数；β 为趋势平滑系数；γ 为季节性平滑系数；t 表示时期，t 期为当前期；

s 为季节性的周期长度（即季节性的周期或季节跨度）；F_{t+m} 为预测值；m 是进行预测的期间到预测当期的间隔期数。

需要说明的是，α、β 和 γ 的取值都在 0 ~ 1 之间。

10. Holt-Winters 三参数指数平滑法的计算公式说明

Holt-Winters 三参数指数平滑法的计算公式由四个等式组成。

第一个等式，在水平和趋势的基础上加入季节性调整，去除季节性。从等式中可以看出，乘法采用的方法是用实际平滑值除以季节性构成，而加法采用的方法是用实际平滑值减去季节性构成。

第二个等式，与 Holt 双参数指数平滑法一样，主要作用是修正趋势在最近两个平滑值之间的差值。

第三个等式，计算季节性构成，即计算季节性指数，以上一个季节周期数据对本期数据进行调整。从等式中可以看出，乘法采用的方法是用实际值除以水平平滑，而加法采用的方法是用实际值减去水平平滑。

第四个等式，是进行正式预测得出预测结果的等式。该公式的逻辑是：水平加趋势乘以预测期数，再乘以（或加上）该期的季节性指数，即可得到该期的预测值。

在获得水平（L）、趋势（T）和季节性（C）的值后，可以对以后任一时期的需求进行预测。只需要确定预测哪一期，然后将这三个值代入第四个等式，即可计算出那一期的预测值。

11. L、T、C 初始值的确定

Holt-Winters 三参数指数平滑法的计算公式中涉及水平（L）、趋势（T）和季节性（C），并涉及 t 期、$t-1$ 期和 $t-s$ 期。在水平（L）和趋势（T）方面，需要确定 L、T 的初始值和各自的第 2 期数据，即 L_1 和 L_2 的值与 T_1 和 T_2 的值。在季节性（C）方面，需要确定 C 的初始值 C_2 和第 1 个季节周期内 C_{t-s} 的值。

（1）L_1 和 L_2 的值的确定。如果数据序列在 15 期或 15 期以上，那么 L_1 和 L_2 的值取第 1 期和第 2 期的实际值；如果数据序列在 15 期以下，那么 L_1 和 L_2 的值取前 3 期的实际值的平均值。

（2）T_1 和 T_2 的值的确定。如果数据序列在 15 期或 15 期以上，那么 T_1 和 T_2 的值都取第 2 期的实际值减去第 1 期的实际值的结果；如果数据序列在 15 期以下，那么 T_1 和 T_2 的值取前 3 期的实际值的平均值。

（3）C_1 值的确定。乘法公式中的 C_1 值为 1，加法公式中的 C_1 值为 0。

（4）C_{t-s} 值的确定。在第 1 个季节周期内，乘法公式中的 C_{t-s} 值全部取 1，加法公式中的 C_{t-s} 值全部取 0。

12. $α$、$β$ 和 $γ$ 值的确定

建议大家采用试算评估法确定 Holt-Winters 三参数指数平滑法中 $α$、$β$ 和 $γ$ 的值。

13. Holt-Winters 三参数指数平滑法的乘法应用实例

Holt-Winters 三参数指数平滑法的乘法应用实例如表 3-4 所示。表中列出了 2016—2019 年 A 产品的实际需求数据，现在需要对 A 产品 2020 年 1 ~ 3 月的需求进行预测。

表 3-4　Holt-Winters 三参数指数平滑法的乘法应用实例

A 产品	$α$	0.3	$β$	0.15	$γ$	0.1
年度	月份	实际值	水平（L）	趋势（T）	季节性（C）	预测值（F）
2016	1	4 189	4 189	−274	1	3 915
2016	2	3 915	3 915	−274	1	3 641
2016	3	4 344	3 915	−274	1	3 641
2016	4	4 260	3 851	−232	1	3 619
2016	5	4 903	3 826	−242	1	3 584

（续表）

A 产品	α	0.3	β	0.15	γ	0.1
年度	月份	实际值	水平（L）	趋势（T）	季节性（C）	预测值（F）
2016	6	5 307	4 004	−201	1	3 802
2016	7	4 998	4 101	−179	1	3 922
2016	8	5 605	4 161	−156	1	4 004
2016	9	4 225	4 426	−143	1	4 283
2016	10	3 713	4 070	−93	1	3 977
2016	11	6 747	4 112	−175	1	3 937
2016	12	6 343	4 807	−73	1	4 735
2017	1	3 772	4 658	−44	1	4 761
2017	2	3 939	4 445	−84	0.9	4 278
2017	3	4 094	4 374	−69	0.9	4 256
2017	4	4 593	4 304	−82	0.9	4 195
2017	5	5 034	4 407	−69	1	4 366
2017	6	5 617	4 475	−54	1	4 484
2017	7	4 939	4 709	−49	1	4 780
2017	8	5 855	4 555	−11	1	4 566
2017	9	4 046	4 975	−65	1	5 050
2017	10	3 582	4 388	53	0.9	4 359
2017	11	7 485	4 482	−143	0.9	4 259
2017	12	6 010	5 397	59	1	5 822
2018	1	4 022	4 873	15	1	5 085
2018	2	4 117	4 950	−28	0.9	4 752
2018	3	4 558	4 610	24	0.9	4 509
2018	4	4 808	4 862	−75	0.9	4 754
2018	5	5 129	4 726	58	1	4 809
2018	6	5 462	4 900	−84	1	4 919
2018	7	5 153	4 980	76	1	5 231
2018	8	6 164	4 885	−59	1	4 863
2018	9	3 677	5 327	50	1	5 656

（续表）

A 产品	α	0.3	β	0.15	γ	0.1
年度	月份	实际值	水平（L）	趋势（T）	季节性（C）	预测值（F）
2018	10	3 987	4 472	15	0.9	4 274
2018	11	7 069	4 901	−85	0.9	4 684
2018	12	6 271	5 368	77	1	6 016
2019	1	4 332	5 305	−2	1	5 583
2019	2	4 082	4 989	56	0.9	4 796
2019	3	4 653	4 875	−49	0.9	4 620
2019	4	5 200	5 000	30	0.9	4 978
2019	5	5 450	5 007	−23	1	5 026
2019	6	5 879	5 175	27	1	5 348
2019	7	5 569	5 237	5	1	5 477
2019	8	6 605	5 266	32	1	5 370
2019	9	4 605	5 567	8	1	5 978
2019	10	4 332	5 072	72	0.9	4 835
2019	11	7 878	5 115	−66	0.9	4 851
2019	12	6 914	6 117	68	1	7 101

具体步骤如下。

第一步，确定 L_1、L_2、T_1、T_2 和 C_1 的值。本例中，L_1 值为 4 189，L_2 值为 3 915。T_1 和 T_2 的值都为第 2 期的实际值减去第 1 期的实际值（3 915 − 4 189）的结果（−274）。C_1 值为 1。

第二步，确定第 1 个季节周期内 C_{t-s} 的值。第 1 个季节周期，即 2016 年 C_{t-s} 的值全部取 1，2017 年 1 月开始季节性指数 C 正常计算。

第三步，确定 α、β 和 γ 的值。本例中，α 值为 0.3，β 值为 0.15，γ 值为 0.1。

第四步，按照 Holt-Winters 三参数指数平滑法的乘法公式，分别计算每个月的 L、T、C 和 F 的值，计算结果如表 3-4 所示。

第五步，经计算，2020 年 1 月的 L 值约为 5 651，T 值约为 71，C 值约为 1，将这三个参数代入 Holt-Winters 三参数指数平滑法的乘法公式，即可得到 A 产品 2020 年 1 ～ 3 月的预测值分别约为 6 163、5 757 和 5 659。

14. Holt-Winters 三参数指数平滑法的乘法与加法比较

Holt-Winters 三参数指数平滑法不论是乘法还是加法，主要都是处理季节性。

当季节性与时间序列水平和趋势相互影响、相互作用时，当某产品的季节性随着时间序列的变化而变化时，这说明该季节模式是乘法模式，可以通过 Holt-Winters 三参数指数平滑法的乘法来建模进行预测。

当季节性与时间序列水平和趋势相互独立时，当某产品的季节性是一个定期重复的常量，季节性不会随着时间序列的变化而变化时，使用 Holt-Winters 三参数指数平滑法的加法来建模进行预测更加合适。

在需求预测实践中，Holt-Winters 三参数指数平滑法的乘法比加法应用更广泛。

3.3 专家意见加权评估法

专家意见加权评估法是以加权的方法汇总计算各专家意见和判断的一种定性预测方法。专家意见加权评估法的基本思路是：赋予不同的专家不同的权重，再按照权重对每一位专家给出的结果进行加权平均，得出最终的预测结果。

1. 专家意见加权评估法的五步流程

（1）数据准备

收集、整理相关数据，如历史销售数据，并对这些数据进行分类，制作成 Excel 表格。

（2）邀请专家

邀请具有一定经验和能力的专业人员、管理人员、销售人员或其他内外部专家，组成定性预测专家团队。

（3）给专家评权

给接受邀请的每一位专家评权。这是非常关键的一步。

（4）专家给出预测结果

将制作好的 Excel 表格发给每一位专家，请他们凭个人经验、直觉和判断给出预测结果。

（5）得出最终的预测结果

汇总每一位专家的预测结果，按照给每一位专家赋予的加权权重，通过加权平均得出最终的预测结果。

2. 专家意见加权评估法应用实例

本例仍采用 Holt-Winters 三参数指数平滑法的乘法应用实例数据。经定量调整后，A 产品 2020 年 1 月的预测值为 4 810 单位，由供应链计划经理负责推动专家评估。

（1）数据准备。计划人员需要准备好 A 产品过去三年的历史销售数据和业绩曲线图等。

（2）邀请专家。建议邀请负责 A 产品的产品管理人员、销售人员、物控人员和供应链负责人。确定专家人选后，供应链计划经理应向供应链总监提出申请，经批准后，以邮件的方式向各位专家发出正式邀请。

（3）给专家评权。给接受邀请的各位专家进行评权。本例中，赋予每一位专家的权重如下。

① 赋予专家 A70% 的权重。

② 赋予专家 B5% 的权重。

③ 赋予专家 C10% 的权重。

④ 赋予专家 D15% 的权重。

（4）专家给出预测结果。以邮件的方式将准备好的数据发给每一位专家，请他们根据这些数据进行预测，并给出预测结果。

（5）得出最终的预测结果。汇总每一位专家的预测结果，按照给每一位专家赋予的权重，通过加权平均得出最终的预测结果（见表 3-5）。

表 3-5　专家意见加权评估法应用实例

专家	权重	预测结果	加权平均后的预测结果
A	70%	4 810	5 072
B	5%	4 500	
C	10%	7 000	
D	15%	5 200	

第 2 篇

安全库存

第4章

安全库存概述

在介绍库存控制之前，先了解一下库存控制的核心知识——安全库存。

小王在一家企业里负责物料管理。有一天，因某物料短缺，导致两条生产线停线，这给企业造成了巨大的损失。因为这件事，小王被企业管理者批评了。小王认为自己已经准备了安全库存，但前几天被两个大单用完了，这种情况他也无法控制。

小王是怎样准备安全库存的呢？原来，这种物料平均每天使用量在8 000个左右，采购提前期为5天，因此，小王在仓库中准备了40 000多个。没想到前两天这40 000多个被两个大单用完了，而下批货再快也要一天以后到，从而导致两条生产线停线。

显然，上述案例中的小王并未真正理解安全库存（他将最低库存当成了安全库存）。

对库存控制来说，安全库存的设置是一个技术活，库存控制人员需要具备专业的知识与技能，以及丰富的经验。

4.1 安全库存的定义

安全库存又称保险库存，是指为了应对不确定性因素而准备的缓冲库存。

这个定义的重点是不确定性，如大量的突发性订货、客户交货期提前、临时增加用量、供应商交货延期等。

1. 对安全库存定义的解释

设置安全库存的目的是防止可知和不可知因素的影响。安全库存主要是为了应对异常和意外而需要长期准备的库存。

进一步来说，如果需求稳定，供应能力可靠，供需两端的确定性高，那么安全库存可以设置为零；如果需求不稳定，供应能力不可靠，供需两端的不确定性高，那么就需要保持较高水平的安全库存。

以上是对安全库存定义的解释，我们可以通过下面的两个类比例子进一步理解安全库存。

（1）安全库存定义类比———消防

简单来说，消防就是预防、扑灭火灾。消防的重点是预防。

为了预防火灾，需要采取一系列的措施和手段，并且需要进行一系列的投入，如布置灭火器、设置消防栓和喷淋设施、安装消防报警系统、制定消防安全制度、进行防火灭火的培训与演练等。

但是，如果没有发生火灾，那么以上的所有装置、布置岂不是都没有用？当然不是，因为消防重在预防。消防的作用是应对意外，当有意外发生时，其作用巨大。

安全库存也是如此。安全库存应对的是不确定性，预防的也是意外。当没有意外发生时，安全库存不起作用；当有意外发生时，安全库存就能起到消防的作用。

（2）安全库存定义类比二——保险

保险同样是为了应对意外。消防需要投入一系列的装备和装置，而保险则需要花钱购买。这时就存在同样的问题，如果保险期内没有出险（即没有意外发生），那么保费是不是就白交了？当然不是，因为保险的作用是应对意外。当有意外发生时，保险能带来若干的保障和安慰。保险是在做预防，防意外，而保费就是做预防时所投入的成本。

安全库存同样如此。安全库存需要投入库存资源和其他相关费用，这样做的目的是为了应对不确定性，预防意外。

2. 安全库存既是消防，也是保险

安全库存是为了应对不确定性而采取的预防措施，重在预防。安全库存既是消防，也是保险。消防和保险必不可少，安全库存也必不可少。

既然消防、保险和安全库存都必不可少，那么具体需要安装多少消防设施、购买多少钱的保险、设置多大的安全库存呢？这需要根据意外的可能性、企业的实际需要和自身财力来综合考虑。也就是说，企业不能为了全方位地应对和预防意外，就不加选择地安装不必要的消防设施、购买不合适的保险、设置超高的安全库存。

供应链需要合理的安全库存。

4.2 安全库存与周转库存、多余库存

按照库存能否被正常使用，可以将库存分为三类：能正常使用的库存、不能正常使用的库存和可能被使用的库存。在供应链管理中，一般将能正常使用的库存称为周转库存，将不能正常使用的库存称为多余库存，而将可能被使用的库存称为安全库存。

1. 周转库存

周转库存是指在周转周期内，为满足正常需求而产生的库存。周转库存是在未来一段时间内（即周转周期内）能被正常使用的库存，是理论上肯定会用得到的库存（如果没有意外发生）、必不可少的库存（否则肯定会断货）。

当需求产生时，为满足客户的需求，供应链会产生采购、生产和物流运输等事项，这些事项都不是立刻就可以完成的，而是需要一定的时间来进行准备和安排，并且需要一定的时间来执行，即都需要一定的周期，这个周期就是周转周期。

例如，仓库中的 A 物料缺货，库存控制人员需要订购 A 物料。假设库存控制人员从提出采购申请到将采购订单传达给供应商需要 1 天，供应商承诺 2 天生产加工完，从供应商处到仓库需要 1 天，检验入库需要 1 天，从订货到检验入库共需要 5 天，那么这 5 天就是 A 物料的周转周期。

周转周期内之所以需要周转库存，是因为在周转周期内需求会持续地产生。为了不间断地满足客户的需求，供应链就需要准备相应的库存，而这个库存就是周转库存。

例如，生产每天需要消耗 100 单位的 A 物料，如果 A 物料是由 B 厂家供应的，可随时供应，那么 A 物料不需要周转库存。但是，如果 A 物料从下单到检验入库需要 5 天（即周转周期为 5 天），那么仓库就需要保持 5 天的 A 物料库存（$100 \times 5 = 500$），以保障持续生产。这 500 单位的 A 物料库存就是周转库存。

2. 多余库存

多余库存就是多余的、不必要的、用不上的库存，是不能正常使用的库存。

一般情况下，多余库存产生的原因主要有以下三个。

（1）未来的不确定性。例如，预测不准确，实际需求达不到事前做出的预测，这样按预测准备的库存就消耗不完，这些消耗不完的库存就成了多余库存；客户下单后，供应链进行了相关库存的准备，但客户因为各种原因取消了订单，这些因为客户取消订单造成不能使用的库存就成了多余库存。

（2）企业政策或管理思路。例如，在策略性采购（风险采购 / 投机采购）中，一些库存虽然现在用不上，但市场价格低，公司决策者先出手，以备未来使用，这些未来可能使用但现在用不上的库存就成了多余库存；为了节省成本，企业以经济订货批量进行订货，但单次订货批量超出了一定时期的用量，超出的库存就成了多余库存。

（3）需求数量太少。例如，在实际操作中，无论是采购还是生产，都无法做到需要多少就采购多少、生产多少，因此往往有一个最小起订量（或最小起送量）的问题。当最小起订量超出实际需求时，超出的库存就成了多余库存。

3. 安全库存与周转库存、多余库存之间的关系

安全库存是可能被使用的库存。设置安全库存的目的是应对未来的不确定性，而未来不确定性的发生存在以下三种情况。

（1）不确定性没有发生，即没有意外发生。为应对意外而准备的安全库存不被使用，这时安全库存就成了多余库存。

（2）不确定性正向发生。例如，安全库存准备了 100 单位，预测需求为 300 单位，实际需求为 400 单位，100 单位的安全库存被使用，这时安全库存就成了周转库存。

（3）不确定性反向发生。例如，安全库存准备了 100 单位，预测需求为 300 单位，实际需求为 200 单位，这时准备的安全库存（100 单位）和未被使用的周转库存（300 单位－200 单位＝100 单位）就成了多余库存。

安全库存不是必需的库存，与周转库存在理论上必不可少完全不同；安全库存可能被使用，但与多余库存的不能正常使用也完全不同。可以这样理解，安全库存是介于周转库存和多余库存之间的库存。当有意外发生或不确定性正向发生时，安全库存被使用，其承担着周转库存的作用，这时安全库存就成了周转库存；当没有意外发生或不确定性反向发生时，安全库存不被使用，这时安全库存就成了多余库存。

4.3 安全库存与最低库存、缓冲库存

1. 安全库存与最低库存

很多人认为最低库存就是安全库存。这种理解是错误的。

安全库存既是消防，也是保险。当没有意外发生时，安全库存不被使用。安全库存不是必需的库存；而最低库存是必需的库存。设置最低库存的目的是满足客户的需求。从逻辑上来说，最低库存是一种周转库存，是理论上肯定会用得到的库存，低于该库存理论上肯定会缺货。

最低库存在数量上等于提前期内的预计消耗量，即要保证提前期内有库存被消耗。最低库存的计算公式如下：

$$最低库存 = 提前期 \times 日均需求量$$

公式中，提前期就是周转周期。提前期有很多种，根据需求所处的节点不同而不同，如订货提前期、生产提前期和运输提前期等。

回到本章开头的案例。这种物料平均每天使用量在 8 000 个左右，采购提前期为 5 天，因此，小王在仓库中准备了 40 000 多个。这 40 000 多个其实就是最低库存。显然，小王并没有准备安全库存。当有意外发生（两个大单）时，两条生产线停线也就成了必然结果。

2. 安全库存与缓冲库存

安全库存是为了应对不确定性，在需求和供应之间设置一个缓冲带，其所起的作用是缓冲。而在安全库存的定义中，也明确说明了安全库存是一种缓冲库存（安全库存是指为了应对不确定性因素而准备的缓冲库存）。

但是，在供应链管理中，缓冲库存和安全库存是两个不同的概念。

缓冲库存是指按照设定的天数，提前到货的提前天数的库存。

为了更好地理解缓冲库存的概念，下面举例说明。某企业下单采购某物料，按订货要求是第 10 天到货，但该企业要求供应商提前到第 7 天到货。当第 7 天到货时，企业的仓库里还有 3 天的库存没有用完，这些库存就是缓冲库存。

缓冲库存与安全库存的不同在于，缓冲库存是周转库存（实施的策略是安排提前到货），是理论上肯定会用得到的库存；而安全库存是多余库存，是超出正常需求的库存。

在实际需求场景中，安全库存不一定"安全"，事实上也不可能备齐安全库存。基于这个事实，很多人建议不设置安全库存，可以使用缓冲库存替代安全库存来应对意外。

不建议大家使用缓冲库存替代安全库存。这是因为安全库存既是消防，也是保险，缓冲库存无法起到消防和保险的作用。

4.4 影响安全库存的三大因素与客户服务水平

1. 影响安全库存的三大因素

影响安全库存的三大因素如下。

（1）需求的不确定性

安全库存应对的是不确定性，因此，需求的不确定性是影响安全库存的核心因素。

需求的不确定性对安全库存的影响是，需求波动越大，需要的安全库存就越多。例如，错误感知需求信号、错误预测需求、不稳定的需求模式等都会带来需求的波动，甚至是剧烈波动。

（2）供应的不确定性

供应越不确定，需要的安全库存就越多。供应的不确定性主要体现在以下三个方面：一是采购提前期过长，时间越长，变化就越不可预知；二是供应商按时交货水平低且不稳定；三是供应产品的质量合格率越低，质量水平越不稳定，供应的不确定性就越强。

（3）客户服务水平的要求

和前面两大影响因素不同，需求和供应的不确定性一般是不可控的，而客户服务水平的要求是由企业自己确定的。客户服务水平的要求越高，需要的安全库存就越多。客户服务水平的要求看起来似乎越高越好，但高客户服务水平会要求有高安全库存的支持，需要付出额外的库存和成本。企业应该根据自己的实际情况来确定客户服务水平。

确定客户服务水平更好的方法是将客户服务水平量化，评定客户服务水平与缺货成本的得失，力争客户服务水平与库存水平的平衡。在供应链管理中，100% 的客户服务水平是得不偿失的。建议客户服务水平区间为 95% ~ 99%。

影响安全库存的三大因素可以总结为一句话：影响安全库存的是不确定性和对不确定性的容忍度，而客户服务水平就是对不确定性的容忍度。

2. 客户服务水平

（1）客户服务水平的定义

在供应链管理中，客户服务水平是指供应链按承诺满足客户要货需求的能力。在该定义中有以下四个关键词。

① 按承诺。按承诺满足的是供应链与客户约定的或承诺的要货需求，而不是无条件地满足客户的所有要货需求。

② 满足。在供应链管理中，供应链要做的是满足客户的需求，而不是超出客户的需求。这是因为超出客户的需求代表要额外保持超高的库存，代表要额外付出高昂的成本。

③ 要货需求。在供应链管理中，客户服务水平仅针对客户的要货需求，满足的也是客户的要货需求，而不是客户的其他需求（如客服的态度、售后的反应速度等）。客户的要货需求涵盖三个方面的内容：一是数量上的需求；二是时间上的需求；三是品质上的需求。

④ 能力。在供应链管理中，客户服务水平是评价供应链自身服务能力的指标。

（2）客户服务水平如何量化与评估

在供应链管理中，客户服务水平可以用有货率和及时交付率这两个指标来量化和评估。这两个指标反映的都是供应链的客户服务水平，但它们又有所区别。

① 有货率就是客户提出需求后，供应链在约定的时间内有货供应的比例，或者说不缺货的比例。有货率的计算公式如下：

有货率 = （约定的时间内有货的订单金额 ÷ 总订单金额）× 100%

公式中，订单金额可以是订单笔数、订单行数或订单数量。

② 及时交付率是指及时将订单需求按约定的时间交付给客户的比例。及时交付率的计算公式如下：

及时交付率 = （按约定的时间及时交付的订单金额 ÷ 总订单金额）× 100%

公式中，订单金额可以是订单笔数、订单行数或订单数量。

从上面的描述可以看出，有货率与及时交付率反映的都是按约定满足订单的比例，但不同的是，有货率侧重于离岸，及时交付率侧重于到岸，即有货率表述的是在约定的时间有多少货发给客户，而及时交付率则强调按约定的时间把货交付给客户。

从交付的角度来看，及时交付率似乎更合理一些，但并不一定都如此。在不同的企业、不同的场景中，指标的选择可能有所不同，适合的才是最好的。另外，从有货到交付的过程中充满了不确定性，有些过程企业的供应链根本无法控制，这时以有货率为参照更加客观一些。

（3）客户服务满足的是原始需求还是承诺需求

一些观点认为，供应链应该满足客户的原始需求，客户服务水平的提升也应该从满足客户的原始需求着手，而不是供应链自己的承诺。

笔者并不认同这个观点。这是因为客户服务水平的定义中第一个关键词"按承诺"，即在客户的要货需求方面，供应链只对自己的承诺负责，兑现自己承诺的水平就是供应链的客户服务水平。

首先，提前期（提前期是供应链的一种典型承诺）有其刚性，供应链不可能准备所有库存，也不可能备齐所有库存，自然无法满足也不应该满足客户的所有需求。例如，针对客户的个性化需求、非常规产品需求，供应链是无法准备库存的，也不可能在短时间内交付。产品的设计、采购和生产都有一定的提前期，提前期达不到，自然不能及时交货。供应链要做的是尽量缩短各种提前期，同时根据自身的实际情况向客户做出承诺，并按承诺交付。

其次，客户如确实有超出提前期的紧急需求，供应链应先根据目前的实际情况进行分析与评估，看自身能否满足客户的需求，再重新向客户做出承诺。承诺可以是一次约定长期执行的（如提前期），也可以是临时做出马上要兑现的（如紧急插单需求）。

再次，供应链应以最低的库存来满足客户的需求，以最低的成本来实现既定的业务目标。既然要兼顾库存和成本，供应链自然不能满足客户的所有需求。供应链需要满足的是承诺了的客户的需求。

最后，客户很多时候是理性的，供应链可以与之交流、沟通，以达到双方认可甚至共赢的方案和承诺。例如，与客户沟通，请求客户放宽提前期，企业通过放宽的提前期来减轻供应链的压力，可以大幅度提升对该客户的客户服务水平。客户服务水平的提升，能够让客户减少不确定性，从而让客户受益。

第 5 章

安全库存的三种计算方法

安全库存的计算有三种方法，笔者将它们命名为"简单粗暴算法""文艺青年算法"和"灭绝师太算法"。

简单粗暴算法侧重于解决供应的不确定性，文艺青年算法侧重于解决需求的不确定性，灭绝师太算法则侧重于解决供应的不确定性、需求的不确定性及客户服务水平的要求。

5.1 简单粗暴算法

1.简单粗暴算法的计算公式

简单粗暴算法的计算公式如下：

$$安全库存 = 日均需求量 \times 紧急采购周期$$

公式中，日均需求量是指未来一段时间平均每天的需求数量。这里需要强调是"未来"，即日均需求量是指未来的预估需求，应该取预测值，而不是过去历史数据的平均值。

紧急采购周期简称急采周期，是订货提前期各环节加急处理或特殊处理的时间总和，如要求供应商临时插单、物流采取空运方式等。紧急采购周期是为了预防和应对意外而提前与供应商确定的时间。一般情况下，紧急采购周期比订货提前期短。

2. 简单粗暴算法的算法逻辑

当常规供应出现异常或需求大幅度变动时，供应链应启动紧急采购，这时仓库中有等于或大于紧急采购周期需求量的库存，足以支撑到紧急采购回来的物料检验入库，从而可以有效地保障及应对需求。

3. 简单粗暴算法的应用

简单粗暴算法侧重于解决供应的不确定性。如果需求变化不大或可预知，而供应不太可靠，那么可以采用简单粗暴算法来计算安全库存。

在很多企业中，简单粗暴算法不仅用于供应不确定的物料，其他相关物料的安全库存也常采用此方法计算。这是因为简单粗暴算法操作简单、容易理解，并且有一定的效果。

简单粗暴算法是目前库存管理粗犷型企业最常采用的一种安全库存计算方法。其优势是简单直接；劣势是粗犷、不严谨。

4. 简单粗暴算法应用实例

表 5-1 中列出了 A 物料 13 周每周的实际用量。本例中，A 物料的订货提前期为 10 天，急采周期为 6 天，α 值为 0.15。本例采用一次指数平滑法来预测日均需求量。周均需求量的结果为 35 996 个，用它除以 7，即可得到日均需求量约为 5 142 个。

已知 A 物料的日均需求量约为 5 142 个，急采周期为 6 天，将这两个参数代入简单粗暴算法的计算公式，即安全库存 = 5 142 × 6 = 30 852（个）。

表 5-1　简单粗暴算法应用实例

物料名称	单位	订货提前期（天）	急采周期（天）	实际用量（周）														周均需求量
				第1周	第2周	第3周	第4周	第5周	第6周	第7周	第8周	第9周	第10周	第11周	第12周	第13周	平均值	
A	个	10	6	34 491	37 739	32 662	32 659	33 401	36 285	39 763	38 557	36 535	35 571	33 500	37 214	36 963	35 797	
一次指数平滑	α		0.15	34 964	34 893	35 319	34 921	34 581	34 404	35 686	35 448	35 914	36 007	35 942	35 575	35 825	35 996	35 996

5.2 文艺青年算法

1. 文艺青年算法的计算公式

文艺青年算法的计算公式如下：

$$安全库存 = 最大离均差 \times 订货提前期$$

公式中，最大离均差就是某物料在一个周期内最大一天的耗用量和该周期内的平均耗用量的差值。最大离均差的计算公式如下：

$$最大离均差 = 最大单日用量 - 日均用量$$

订货提前期一般以天为单位，是指从订货需求提出到物料检验入库的时间总和，一般包括订货需求提出与审批时间、采购订单制作审批和下达时间、供应商订单接受录入流转时间、供应商生产排程及排队时间、供应商生产及检验入库时间、供应商发货及运输时间、采购入库及检验时间等。

2. 文艺青年算法的算法逻辑

找出最大的需求，假设每一天都达到最大需求，这样就会产生一个按最大需求组成的库存。这个按最大需求组成的库存与平均需求情况下的库存的差值就是文艺青年算法的安全库存。可以这样理解，文艺青年算法是以历史最大的需求来应对未来不确定的需求。

3. 文艺青年算法的应用

从文艺青年算法的算法逻辑可以看出，该算法只关注需求的变动情况，因此，文艺青年算法侧重于解决需求的不确定性。如果供应稳定，而需求不太可靠，那么采用文艺青年算法计算安全库存会起到一定的效果，可以有效地应对不确定性。

文艺青年算法的优势是所需参数不多，容易理解，并且能有效地应对需求的不确定性。其劣势是未考虑供应情况，无法应对供应的不确定性；另外，当最大日需求量与平均需求量的差值较大时，将大幅度提高安全库存，加大整体库存的数量，不利于整体库存的控制。

目前，采用文艺青年算法计算安全库存的企业不是很多。笔者认为，如果需求和供应的波动都不是很大，采用文艺青年算法能够更好地解决问题。

4. 文艺青年算法应用实例

本例仍采用简单粗暴算法应用实例中的数据。本例中，A 物料 13 周每周的实际用量如表 5-2 所示。

表 5-2　文艺青年算法应用实例

物料名称	单位	订货提前期（天）	急采周期（天）	实际用量（周）													
				第1周	第2周	第3周	第4周	第5周	第6周	第7周	第8周	第9周	第10周	第11周	第12周	第13周	平均值
A	个	10	6	34 491	37 739	32 662	32 659	33 401	36 285	39 763	38 557	36 535	35 571	33 500	37 214	36 963	35 797

（1）计算最大离均差。A 物料 13 周每周的实际用量的平均值为 35 797 个。在这 13 周里，用量最大的是第 7 周，即 39 763 个。将这两个参数代入最大离均差的计算公式，即最大离均差 = 39 763 − 35 797 = 3 966 个，用它除以 7，即可得到日用量最大离均差约为 567 个。

（2）确定订货提前期。本例中，A 物料的订货提前期为 10 天。

（3）计算安全库存。已知日用量最大离均差约为 567 个，订货提前期为 10 天，将这两个参数代入文艺青年算法的计算公式，即安全库存 = 567 × 10 = 5 670（个）。

5.3　灭绝师太算法

安全库存的计算中有一个经典公式，笔者将其命名为灭绝师太算法。灭绝师太算法严谨、完备，但因操作复杂，并且需要的参数太多，真正使用该算法的企业并不多。

1. 灭绝师太算法的计算公式

灭绝师太算法的计算公式如下：

$$安全库存 = Z \sqrt{\sigma_d^2(\bar{L}) + \sigma_L^2(\bar{d})^2}$$

公式中，L 为订货提前期；$\bar{L}$ 是 L 的平均值，即订货提前期（注：提前期按照计算安全库存的物料所处的位置不同而不同，如果物料是内部生产的，那么其提前期为生产提前期；如果物料是从外部采购回来的，那么其提前期为订货提前期，如无特别说明，计算安全库存时所用的提前期，本书默认为订货提前期）的平均值；d 是日需求量，σ_d 是 $\bar{d}$ 的标准差；$\bar{d}$ 是 d 的平均值，即日均需求量（在安全库存的计算中采用的是未来需求量，即使用未来预测的日均需求量）；σ_L 是提前期的标准差；Z 是安全系数，也称一定服务水平下的标准差个数。Z 的大小由客户服务水平的要求决定，客户服务水平的要求越高，安全系数就越大。

需要说明的是，标准差是指离均差平方的算术平均数的平方根，用 σ 表示。标准差可以用 Excel 中的 STDEVPA 函数求得。用 STDEVPA 函数求取标准差计算实例如表 5-3 所示。在 N3 单元格中输入公式 "= STDEVPA（A3:M3）"，即可得到 A 物料 13 周的实际用量的标准差约为 2 215.2。

表 5-3　用 STDEVPA 函数求取标准差计算实例

N3	▼ :		f_x	=STDEVPA(A3:M3)									
▲	A	B	C	D	E	F	G	H	I	J	K	L	M	N
1						A 物料的实际用量（周）								标准差
2	第1周	第2周	第3周	第4周	第5周	第6周	第7周	第8周	第9周	第10周	第11周	第12周	第13周	
3	34 491	37 739	32 662	32 659	33 401	36 285	39 763	38 557	36 535	35 571	33 500	37 241	36 963	2 215.2

2. 灭绝师太算法的算法逻辑

在灭绝师太算法的计算公式中，σ_d 的平方乘以 L 的平均值计算的是需求的不确定性，σ_L 的平方乘以 d 的平均值计算的是供应的不确定性，Z 代表的是客户服务水平。

灭绝师太算法就是采用量化不确定性（同时量化需求的不确定性和供应的不确定性）的方法，同时引进安全系数，综合评估需求的不确定性、供应的不确定性和客户服务水平的要求。

3. 安全系数的确定方法和特点

安全系数的确定方法有两种，一种是查表，以企业确定的客户服务水平查安全系数表；另一种是用 Excel 中的 NORMSINV 函数求得。

查表是指以既定的客户服务水平查安全系数表。表 5-4 为简易安全系数表，可以按照企业确定的客户服务水平来查找对应的安全系数值。

表 5-4　简易安全系数表

客户服务水平	70.00%	75.00%	80.00%	85.00%	86.00%	87.00%	88.00%	89.00%	90.00%	90.50%	91.00%	91.50%
安全系数值	0.52	0.67	0.84	1.03	1.08	1.12	1.17	1.22	1.28	1.31	1.34	1.37

从表 5-4 中可以看出，客户服务水平要求越高，安全系数就越大。但这两者的关系并不仅仅是成正比，如果将表 5-4 转换成图 5-1 所示的安全系数曲线，可以直观地发现，当客户服务水平达到一定程度时，安全系数将呈指数级增大。

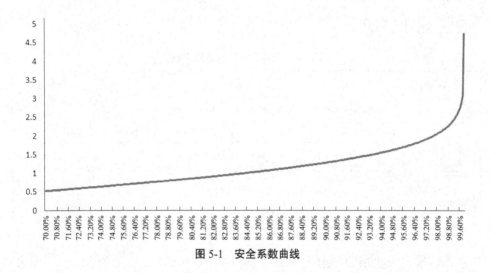

图 5-1　安全系数曲线

根据安全库存的灭绝师太算法，安全系数越大，需要准备的安全库存就越多，整体库存就越多。因此，客户服务水平的提升，代表供应链需要准备越来越多的库存。当客户服务水平达到一定程度时，安全系数将呈指数级增大，供应链需要准备的库存也将呈指数级增多。

也就是说，追求高客户服务水平，当达到一定的点时，客户服务水平稍微提升，就会要求有很多的库存支持。所以，客户服务水平并不是越高越好，尤其不应追求 100% 的客户服务水平，这样会得不偿失。

如何平衡客户服务水平与库存水平是企业管理者需要权衡的问题。

4. 灭绝师太算法的应用

简单粗暴算法侧重于解决供应的不确定性，文艺青年算法侧重于解决需求的不确定性，灭绝师太算法则可以解决各种情况的不稳定。也就是说，灭绝师太算法可应用于任何场景。

5. 灭绝师太算法应用实例

本例仍采用简单粗暴算法应用实例中的数据，同时假定 A 物料订货采用的是定量订货模型，要求每周送货一次。A 物料 13 周每周的实际用量和实际订货提前期如表 5-5 所示。

表 5-5　灭绝师太算法应用实例

物料名称	单位	订货提前期（天）	实际用量（周）														日用量的标准差
			第1周	第2周	第3周	第4周	第5周	第6周	第7周	第8周	第9周	第10周	第11周	第12周	第13周	周均需求量	
A	个	10	34 491	37 739	32 662	32 659	33 401	36 285	39 763	38 557	36 535	35 571	33 500	37 214	36 963		837.3
一次指数平滑	α	0.15	34 964	34 893	35 320	34 921	34 582	34 405	35 687	35 448	35 915	36 008	35 942	35 576	35 826	35 996	
采用定量订货模型订货			实际订货提前期（天）													平均值	提前期的标准差
			9	10	12	11	12	13	10	11	12	10	10	12	14	11	1.47

本例采用一次指数平滑法预测 A 物料 13 周每周的需求量为 35 996 个，用它除以 7，即可得到日均需求量约为 5 142 个。一周按 7 天计算，日用量的标准差等于周均需求量的标准差（用 STDEVPA 函数求得）除以 $\sqrt{7}$，结果约为 837.3。

需要注意的是，合计数的标准差换算成单个的标准差的方法为：用合计数的标准差除以单个数的个数的开方。

本例中，A 物料的订货提前期为 10 天，但实际订货提前期波动较大，即存在较大的供应不确定性，实际订货提前期平均为 11 天。经 STDEVPA 函数计算，提前期的标准差约为 1.47。客户服务水平为 99%。经查安全系数表，得到安全系数值为 2.326。

将以上参数代入灭绝师太算法的计算公式，即 A 物料的安全库存约为 18 732 个。

第6章
安全库存的设置

安全库存的设置就是要解决以下三个问题。

（1）是否需要准备安全库存，即需要采用相应的分类和方法，解决哪些物料需要准备安全库存、哪些物料不需要准备安全库存的问题。

（2）需要准备多少安全库存，即需要采用哪种方法解决计算安全库存的问题。

（3）如何跟踪与调整安全库存，即安全库存管理不是一劳永逸的事情，需要采用哪些办法解决安全库存后续跟踪与调整的问题。

6.1 物料管理

1. 长尾物料塞爆仓库

有一天，笔者应邀到一家工厂做交流。笔者发现这家工厂仓库内的大部分货架上有货，但是有些货架上存放的货不是很多，有些仅仅在卡板底部放了一些货，库容浪费较严重。

当笔者走进仓库办公室时，笔者听见一位工作人员正在与人打电话，仔细听内容，才知道他是在催货。

在那位工作人员与人结束通话后，笔者和他聊了一会儿。他是这家工厂的物控主管，因供应商答应当天到货的一种物料迟迟没有送到，所以他不停地催促采购人员。

他叹了一口气说："这家供应商太不靠谱了，本来应该三天前到货，但它们的设备发生故障，所以货迟迟没有送到。采购人员说供应商承诺昨天一定送到，但昨天并没有送到。供应商承诺今天上午一定送到，但是到现在也没有送到。我刚才给采购人员打电话，采购人员说供应商承诺今天下午一定送到。"

笔者问他："这种物料着急使用是因为突然接到大单吗？"

他回答说："不是，这种物料平时使用量较多，可以说是爆款物料。正因为如此，如果缺货就会对我们的影响很大，所以我才会不停地催货。"

笔者接着问他："爆款物料怎么不多准备一些库存呢？"

他回答说："我们是一家发展较快的成长型企业，产品呈典型的长尾分布，全部产品中有10%是爆款，其余90%量都很少。如果准备放爆款物料的安全库存，那这90%长尾产品的物料会把仓库塞满。现在，就算以较小的安全库存备料，库容也占了差不多90%。"

笔者又问他："放爆款物料的安全库存为什么会造成长尾物料塞爆仓库呢？"

他解释说："安全库存的计算方法是设置好的，放大爆款物料的安全库存算法，其他产品的安全库存同样会放大啊。"

后来，笔者才明白，他采取的是一刀切式的物料管理方式来设置安全库存的。

2. 一刀切式的物料管理方式

一刀切式的物料管理方式就是对全部物料采取同一种策略、同一种方法进行管理。

不同的物料的特性、需求、供应各不相同，加之现今处于VUCA时代，无论是供应链计划、库存控制还是安全库存管理，都需要根据实际情况对不同的物料采用不同的管理方法。

如何更好地管理物料呢？可以对物料进行分类，然后有针对性地采用不同的方法进行管理。

需要说明的是，在对物料进行分类时不能一刀切，而需要动态地进行物料分类，即根据物料的实际情况更新、调整和优化物料分类。

6.2 物料分类的方法

物料分类的方法主要有以下四种：卡拉杰克矩阵分类法、需求分类法、ABC 分类法和 XYZ 分类法。

其中，卡拉杰克矩阵分类法和需求分类法是供应链物料管理中非常有效的物料分类方法。但是，这两种物料分类方法需要的数据和参数很多，并且有些数据较敏感（如物料价格）。由于很多企业对物料价格有保密规定，因此在物料管理实践中采用这两种物料分类方法做决策的企业不是很多。

1. 卡拉杰克矩阵分类法

卡拉杰克矩阵（见图 6-1）从收益的影响和供应风险两个维度将物料分为四个类别。

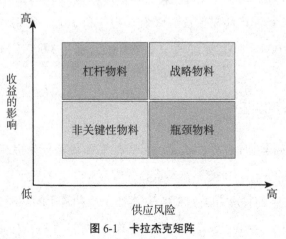

图 6-1 卡拉杰克矩阵

（1）杠杆物料：高利润、低供应风险的物料。杠杆物料对企业的利润贡献大，同时供应充足，供应商可替代性强。杠杆物料一般为传统的标准件或较容易批量生产的标准件。

（2）战略物料：高利润、高供应风险的物料。战略物料是对需求有重大影响且供应有制约的物料，如个别供应商供货且往往无可替代的物料。

（3）非关键性物料：低利润、低供应风险的物料。非关键性物料是指供应充足且对供应链影响不大的物料。

（4）瓶颈物料：低利润、高供应风险的物料。瓶颈物料一般为独家供应的非关键性物料。

2. 需求分类法

需求分类法是按照物料是独立需求还是相关需求对物料进行分类的。

当对某物料的需求与对其他物料的需求无关时，这种需求称为独立需求。在库存控制实践中，独立需求是指由市场决定的需求。例如，某企业的 A 产品单独对市场销售，下个月预计需求为 1 000 个，这就是独立需求。独立需求一般来源于需求预测，因为预测是不太准确的，所以独立需求会存在误差。

相关需求是指与其他物料或最终产品的物料清单结构直接相关或从中导出的需求。相关需求一般经计算得出，下面举例说明。A 产品由 B 和 C 两种物料组成，每生产 1 个 A 产品需要使用 2 个 B 物料和 3 个 C 物料，经计算得出，B 物料的需求为 2 000（1 000×2）个，C 物料的需求为 3 000（1 000×3）个。

3. ABC 分类法

ABC 分类法是将库存按照设定的分类标准和要求分为特别重要的库存（A 类）、一般重要的库存（B 类）和不重要的库存（C 类）三个等级，然后有针对性地进行库存控制的管理方法。ABC 分类法是一种常用的物料分类方法。

在物料管理中，ABC 分类法的基本操作方法是：以一定的时间区间内物料消耗的金额大小来排序，并计算每一种物料消耗金额占总消耗金额的比例，再根据品种数量占总品种数量的比例进行分类。一般情况下，按以下标准进行物料分类。

（1）将物料消耗金额占总消耗金额的 60% ~ 80%，并且品种数量占总品种数量的 5% ~ 15% 的物料归为 A 类物料。

（2）将物料消耗金额占总消耗金额的 20% ~ 30%，并且品种数量占总品种数量的 20% ~ 30% 的物料归为 B 类物料。

（3）将物料消耗金额占总消耗金额的 5% ~ 15%，并且品种数量占总品种数量的 60% ~ 80% 的物料归为 C 类物料。

由此可见，A 类物料是这三类物料里面最重要的物料，是供应链管理与库存控制的重点。

大家可能会有疑问，可不可以根据物料的消耗数量来进行 ABC 分类？当然可以，但笔者不建议这样做，因为不同的物料的规格、特性、重要性及价格各不相同，并且一般没有统一的单位，物料使用数量无法汇总。

当然，如果所有物料可以用同一种单位计量或可以转化为统一的标准单位计量（如型号各异的钢材），那么可以根据物料的消耗数量进行 ABC 分类。

4. XYZ 分类法

XYZ 分类法是以物料消耗的稳定性为参数进行分类的方法。

什么是物料消耗的稳定性？例如，某物料每周消耗的数量为 500 个，这就代表该物料消耗非常稳定；该物料上周消耗了 1 000 个，本周消耗了 10 个，这就代表该物料消耗非常不稳定。

XYZ 分类法是按照物料在一定时间段的消耗波动情况（或者称为可预测性）进行的分类。一般来说，X 类物料消耗较为平稳，Y 类物料次之，Z 类物料消耗最不稳定。

一般可以使用变异系数来判断物料消耗的稳定性。变异系数在 0.4 以下，表示相对稳定，应归在 X 类物料；变异系数在 0.4 ~ 0.8 之间，表示有一定的波动，应归在 Y 类物料；变异系数在 0.8 以上，表示波动剧烈，应归在 Z 类物料。

6.3 ABC-XYZ 矩阵

1.ABC-XYZ 矩阵概述

ABC – XYZ 矩阵如图 6-2 所示。

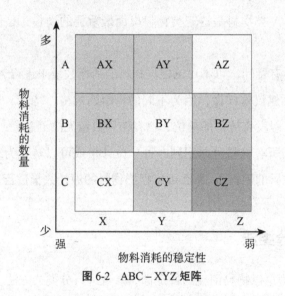

图 6-2　ABC – XYZ 矩阵

从图 6-2 中可以看出，横坐标是物料消耗的稳定性，其反映的是物料消耗的稳定情况；纵坐标是物料消耗的数量，其反映的是物料的重要程度。根据物料消耗的稳定性和数量，可以将物料分为 AX、AY、AZ、BX、BY、BZ、CX、CY 和 CZ 九个类别。

表 6-1 为 ABC – XYZ 矩阵分类实例。表中列出了某公司 8 周的销售数据（这些数据在分类前已经进行了从高到低的排序），并进行了 ABC – XYZ 矩阵分类。

针对 ABC – XYZ 矩阵的九个类别，安全库存的设置需要采取不同的策略。

表 6-1　ABC-XYZ 矩阵分类实例

产品编码	第 1 周	第 2 周	第 3 周	第 4 周	第 5 周	第 6 周	第 7 周	第 8 周	合计	平均值	标准差	变异系数	金额占比	金额累计占比	品项累计占比	ABC分类	XYZ分类	ABC-XYZ分类
W123001	713 883.82	735 588.02	634 181.64	927 523.54	708 713.36	678 972.74	649 466.76	794 122.32	5 842 452.20	730 306.52	94 219.41	0.12	17.60%	17.60%	1.43%	A	X	AX
W123002	351 795.62	406 321.06	461 277.10	594 049.82	532 716.60	478 665.60	425 100.64	604 390.74	3 854 317.18	481 789.64	89 813.33	0.18	11.61%	29.21%	2.86%	A	X	AX
W123003	271 303.34	458 925.24	76 607.04	391 413.04	105 618.60	521 917.70	290 333.48	355 353.90	2 471 472.34	308 934.04	157 612.56	0.51	7.44%	36.65%	4.29%	A	Z	AZ
W123004	197 964.66	204 631.22	82 943.78	355 405.64	180 278.94	207 673.16	208 326.80	306 515.26	1 743 739.46	217 967.43	82 078.94	0.37	5.25%	41.90%	5.71%	A	Y	AY
W123005	142 662.94	161 490.98	156 018.84	195 429.98	206 106.10	206 399.40	182 055.50	197 583.64	1 447 747.38	180 968.42	24 594.37	0.13	4.36%	46.27%	7.14%	A	X	AX
W123006	249 191.10	156 320.52	165 831.82	181 611.36	164 817.84	181 561.08	156 865.22	191 239.98	1 447 438.92	180 929.86	30 329.22	0.16	4.36%	50.63%	8.57%	A	X	AX
W123007	112 421.84	44 974.00	252 960.14	68 119.56	270 013.44	194 524.94	170 398.92	143 683.48	1 257 096.32	157 137.04	81 224.54	0.51	3.79%	54.41%	10.00%	B	Z	BZ
W123008	129 648.68	159 923.92	121 300.50	163 854.14	124 392.72	139 937.62	143 549.40	228 003.04	1 210 610.02	151 326.25	34 635.35	0.22	3.65%	58.06%	11.43%	B	Y	BY
W123009	142 342.40	100 786.26	137 892.90	137 624.74	142 325.92	133 728.04	108 764.02	165 454.72	1 068 919.00	133 614.87	20 338.22	0.15	3.22%	61.28%	12.86%	B	X	BX
W123010	39 411.14	32 564.68	133 987.82	144 689.08	135 663.82	139 024.20	170 197.80	212 751.44	1 008 289.98	126 036.24	61 392.34	0.48	3.04%	64.31%	14.29%	B	Y	BY
W123011	116 282.46	76 651.86	84 202.24	111 965.18	88 191.12	95 800.16	99 160.54	112 744.52	784 998.08	98 124.76	14 614.43	0.14	2.36%	66.68%	15.71%	B	X	BX
W123012	71 559.82	110 523.82	67 132.18	108 160.66	96 998.50	58 241.00	59 556.66	54 671.12	626 843.76	78 355.47	23 181.86	0.29	1.89%	68.57%	17.14%	B	Y	BY
W123013	67 969.42	57 662.78	66 227.14	87 788.88	80 221.74	66 302.56	50 028.60	99 604.68	575 805.80	71 975.72	16 253.48	0.22	1.73%	70.30%	18.57%	C	Y	CY
W123014	76 089.80	62 774.58	67 207.60	93 571.08	65 472.94	75 126.70	54 394.58	71 774.70	566 411.98	70 801.49	11 594.34	0.16	1.71%	72.01%	20.00%	C	X	CX
W123015	70 226.10	6 377.98	116 405.78	3 506.70	152 487.00	64 877.96	63 269.00	65 984.12	543 134.64	67 891.83	49 969.82	0.73	1.64%	73.64%	21.43%	C	Z	CZ
W123016	72 244.46	56 908.58	65 648.92	81 411.70	66 872.40	69 713.22	64 299.74	54 972.80	532 071.82	66 508.97	8 419.85	0.12	1.60%	75.25%	22.86%	C	X	CX
W123017	52 230.38	69 067.96	53 330.32	77 246.84	66 084.68	53 280.04	53 623.62	76 366.94	501 230.78	62 653.84	10 816.03	0.17	1.51%	76.76%	24.29%	C	X	CX

注：（1）ABC 分类：累计金额比例超过 70% 且累计品项比例小于 10% 的为 A 类，累计金额比例为 10%～30% 且累计品项比例为 10%～30% 的为 B 类，累计金额比例为 10% 且累计品项比例为 70% 的为 C 类。

（2）XYZ 分类：变异系数小于 0.2 的为 X 类，变异系数在 0.2～0.5 之间的为 Y 类，变异系数在 0.5 以上的为 Z 类。

2. ABC-XYZ 矩阵分类中安全库存的设置方法

ABC-XYZ 矩阵分类中安全库存的设置方法如表 6-2 所示。

表 6-2　ABC-XYZ 矩阵分类中安全库存的设置方法

物料分类	是否设置安全库存	安全库存的计算方法	订货方法
AX/AY	设置	灭绝师太算法	定期订货模型 + 目标库存定量法
AZ/BY	设置	文艺青年算法	定量订货模型 + 最小起订量法
BX	设置	简单粗暴算法	定量订货模型 + 最高库存定量法
BZ	不设置	强替代性	供应商保持生产这种物料需要用到的相关物料的安全库存
CX	设置	简单粗暴算法	定量订货模型 + 最小起订量法
CY	设置	灭绝师太算法的简化公式	定量订货模型 + 最小起订量法
CZ	不设置	—	—

（1）AX/AY 类物料：设置安全库存，安全库存的计算采用灭绝师太算法，采用定期订货模型，以目标库存定量法进行订货。

（2）AZ/BY 类物料：设置安全库存，安全库存的计算采用文艺青年算法，采用定量订货模型，以最小起订量法进行订货。

（3）BX 类物料：设置安全库存，安全库存的计算采用简单粗暴算法，采用定量订货模型，以最高库存定量法进行订货。

（4）BZ 类物料：不设置安全库存，与供应商沟通，让供应商保持生产这种物料需要用到的相关物料的安全库存，同时保持强替代性。

（5）CX 类物料：设置安全库存，安全库存的计算采用简单粗暴算法，采用定量订货模型，以最小起订量法进行订货。

（6）CY 类物料：设置安全库存，安全库存的计算采用灭绝师太算法的简化公式（后面章节会介绍），采用定量订货模型，以最小起订量法进行订货。

（7）CZ 类物料：不设置安全库存，建议大家淘汰此种物料。对供应链来说，无论是客户交付还是库存控制，CZ 类物料都对企业的利润非常不利。因此，CZ 类物料应纳入企业的淘汰计划。

6.4 影响安全库存设置的其他因素

影响安全库存设置的其他因素主要包括产品生命周期、企业在供应链中所处的位置、物料特性、交易特点及库容限制等。

（1）产品生命周期。产品生命周期可以分为导入期、成长期、成熟期和衰退期四个阶段。在产品生命周期的不同阶段，需要采取不同的安全库存策略，如衰退期应谨慎设置安全库存或不设置安全库存。

（2）企业在供应链中所处的位置。根据供应链运作参考模型（Supply Chain Operations Reference Model，SCORM），除了企业自身，整条供应链还包括供应商、供应商的供应商和客户、客户的客户。因此，企业需要根据自身在供应链中所处的位置采取对应的安全库存策略。例如，因为丰田公司处于龙头地位，所以它可以不设置安全库存，而将库存转移到上游（其实，对整条供应链来说，这不是真正的零库存，而只是供应链局部的零库存）。

（3）物料特性。安全库存受物料特性的制约，如保质期。一些物料尽管销量大且销售稳定，但是安全库存也不能多备，因为总库存不能超过物料保质期（或内部控制的临保期）内的用量。

（4）交易特点。例如，对于瓶颈物料，由于这些物料很难买到，因此应多备安全库存。还有一种是企业主观的风险（投机）采购，如预知未来某物料将涨价，于是进行大批量采购，这时可以不考虑安全库存的问题。

（5）库容限制。库容限制就是限制库存的容量。

安全库存管理是一个动态的过程，库存控制人员需要及时地跟踪与调整。这里强调以下两个观点。

（1）安全库存是动态的，而不是一成不变的。对于安全库存的设置，库存控制人员需要及时地跟踪、调整与更新。

（2）安全库存长期不消耗也不合理，如果安全库存持续不被使用，那么库存控制人员需要反思安全库存的设置是否合理，可以考虑调低其数量。

第7章

安全库存的控制

安全库存是为了应对不确定性和意外而持有的库存,是介于周转库存和多余库存之间的一种库存。

安全库存的控制是指在有效应对不确定性、满足既定的客户服务水平的基础上,采取一定的措施和方法来降低安全库存,从而降低总库存的过程。

需要注意的是,控制安全库存不是单纯地降低安全库存,而是要在满足既定客户服务水平的基础上降低安全库存。

7.1 安全库存控制的基本思路

安全库存控制的基本思路是:从影响安全库存的三大因素着手,逐一解决,逐一控制。

1. 控制需求的不确定性

市场千变万化,需求是不太确定的,但供应链仍可以从以下三个方面来控制需求的不确定性:提高预测的准确率、加强预测的及时性和寻求订单的平衡性。

（1）提高预测的准确率。如果预测准确，那么需求的不确定性就会减少。需求预测的作用就是将未来的不确定变成相对的确定。

（2）加强预测的及时性。预测的及时性体现在两个方面，一是到规定的时间点按时提交预测。例如，某公司规定每月 26 日提交下个月的预测结果，不得延后，也不能提前。之所以不能提前，是因为越靠近预测期间，所获得的信息就越全面，如果提前预测会人为降低预测的准确率。二是预测纠偏，即跟踪需求的实际进展。当有异常时，及时发出预警信息，并根据实际需要修正预测。

（3）寻求订单的平衡性。订单的平衡性是指订单相对平均，如避免月初和月中没有订单，而月末订单突增，即使加班也完不成的情形。订单的平衡性需要企业与供应商密切沟通，协同解决，如从规则方面寻求一种避免月底冲业绩的机制。

2. 控制供应的不确定性

库存的供应有两个来源，一是内部生产或内部调拨（从内部供应商处），二是外部采购（从外部供应商处）。控制供应的不确定性就是控制内外部供应商的不确定性。控制供应的不确定性主要包括以下三点：提高内外部供应商的及时交付率、提升内外部供应商供货的质量合格率和缩短订货提前期（生产提前期或采购提前期）。

（1）提高内外部供应商的及时交付率。供应链是从供应商的供应商到客户的客户的链状组织。企业作为供应链的一环，需要给下游客户及时交付。同样，上游供应商也需要对企业及时交付。要想提高内外部供应商的及时交付率，除了要保持信息畅通、按节点跟踪确认，还要对供应商进行交付考核。

（2）提升内外部供应商供货的质量合格率。要想提升内外部供应商供货的质量合格率，企业既要甄选合格供应商，也要提供给供应商明确的质量标准并培训到位（即要让供应商真正理解企业规定的质量标准）。

（3）缩短订货提前期（生产提前期或采购提前期）。安全库存计算的三种方法都与订货提前期相关。缩短订货提前期，对安全库存的控制有立竿见影的效果。缩短订货提前期之所以能控制不确定性，是因为不管是需求还是供应，不确定性都与时间息息相关，延续的时间越长，拖延的时间越久，不确定性就越高。

3. 合理的客户服务水平的要求

客户服务水平的要求并不是越高越好，高客户服务水平势必会要求高安全库存。客户服务水平的要求需要由企业的高层管理人员从企业经营层面进行分析、平衡和管理。

可以确定的一点是，除非另有目的，否则供应链不要去追求 100% 的客户服务水平。这种完美追求是库存控制最大的"灾难"。

客户服务水平需要根据不同的行业、产品和客户确定。物料管理不能一刀切，客户服务水平也是一样的。供应链不需要也不应该对全部产品或所有客户采用相同的客户服务水平。

7.2 减少和控制不确定性的三种方法

影响安全库存的因素就是不确定性。控制安全库存可以归结为一句话：减少不确定性和提高对不确定性的容忍度，而选择合理的客户服务水平就是提高对不确定性的容忍度。

如何减少和控制不确定性呢？可以从时间过长方面减少和控制不确定性、从信息不对称方面减少和控制不确定性、从能力不对称方面减少和控制不确定性。

1. 减少和控制时间过长造成的不确定性

世界是快速变化的，供应链也是快速变化的。时间越长，各种情况可能发生的概率就会大大增加，不确定性也就越大。

笔者曾亲身经历过一次非常严重的断料事故。

当时笔者所在的公司正处于高速发展阶段，公司的新产品层出不穷，产品配比经常会进行调整。

公司有一种物料（以下简称 A 物料）对稳定产品性能非常重要，高峰时超过 60% 的产品配比中都含有这种物料。随着公司的发展，前期的小供应商无论是从数量方面还是从质量方面都无法满足公司的需求，于是采购人员经多方努力，新开发了一个大供应商。

这个大供应商的产品品质非常好且价格合理，但其提出采购提前期需要 15 天（小供应商的采购提前期需要 5 天；加工生产周期需要 3 天）的请求，公司的采购人员答应了供应商的请求。

当时笔者在公司里负责管理物料计划。当笔者了解到采购提前期需要 15 天时，笔者的第一反应是这会大大增加库存，于是笔者与采购人员沟通，希望其能与供应商协商缩短 A 物料的采购提前期。毕竟 A 物料的生产周期只需要 3 天，15 天的采购提前期确实太长。但采购人员表示很难让供应商让步，而且这 15 天的采购提前期已经是采购人员努力争取后的结果。

三个月后，公司的部分产品配比做了调整，A 物料每日的用量起伏很大，只能预测未来四五天的用量，15 天的用量几乎无法准确预测。

后来，因公司签了几笔大单，造成备了 15 ~ 20 天的 A 物料库存不到一个星期就消耗完了。尽管笔者在 A 物料快消耗完的前三四天就发现了异常，并通知采购人员紧急采购并加急到货，但由于与大供应商约定的是 15 天交货，加之其体量庞大，流程完整，不易转弯，采购人员打了若干电话，最终这批特别加急的货也用了差不多一个星期才到，此时 A 物料已经断料两天了。由于 A 物料是大部分产品需要用到的核心物料，并且不可替代，断料意味着停产，因此这两天公司损失巨大。

但损失还不止于此。加急采购到仓库的 A 物料（按断料前的需求预测 15 天以上下达的订单）在正常消耗 5 天左右后就不再消耗了。原来，市场发生了变化，A物料开始清出部分主打产品，造成用量直线下滑，最终导致大量的A物料成了呆滞物料。

上述案例证明，时间越长，不确定性就越大。因此，缩短供应链的时间是控制不确定性的有效途径之一。在库存控制实践中，企业可以从以下三个层面缩短供应链的时间。

（1）事前的计划层面。首先，经过多方协调与努力，缩短各种提前期；其次，推行滚动预测和滚动计划，提高未来的可预见性；再次，建立预测纠偏制度与流程，提高预测的准确率；最后，尽可能采取推拉结合模式，减少预测失败的风险。

（2）事中的执行层面。根据自身实力及发展需要，引入合适的、先进的管理模式与设备，以缩短生产制造、运输和安装等的周期与时间。例如，生产提前期原本需要5天，经过优化流程及更换部分设备后，只需要3.5天。

（3）事后的跟踪层面。事后的跟踪主要是信息反馈。供应链要优化流程，引进更好的系统，以缩短信息周转周期。例如，终端的销售，在没有完善的系统和流程的情况下，需要逐级汇总，到最终供应链计划人员的手中经常已经过去了一周甚至一个月，信息严重滞后；而如果有完善的信息管理系统，有可执行的合理的流程，那么终端销售一产生，数据即可同步到最终供应链计划人员的手中，信息周转周期大幅度缩短，从而减少了不确定性。

2.减少和控制信息不对称造成的不确定性

某公司正如火如荼地进行促销活动。在仓库内查看发货情况的物料主管却愁眉苦脸，他担心有两种物料会断料。原来，他在促销活动开始的前一天才得到消息，尽管他在第一时间联系了采购部紧急补货，但最快也得三天才能到货。

上述就是因信息不对称造成不确定性的典型案例。

信息不对称是指供应链各链条上，一些信息有的部门接收到了，有的部门没有接收到或接收到的信息不一致。例如，某公司的产品中心准备下架某产品，但物料计划人员事先不知道这个信息，于是各种物料正常计划与供应，到了产品正式下架时，自然导致很多种物料成了呆滞物料。

要想减少信息不对称，就需要解决以下两个方面的问题。

（1）信息共享意愿，即信息的掌握方或发起方是否愿意分享信息。要让他们愿意分享信息，可以从以下两个方面来着手：一是内部的共享意愿（如产品管理部、销售部等），建立或梳理一套信息共享流程，并对流程执行的过程与结果进行考核，以达到对内信息快速、全面共享的目的；二是外部的共享意愿（如供应商），需要事前与对方在合同中约定双方信息共享的规则及各方责任，达到上下游协同计划的目的，以减少信息不对称造成的不确定性。

（2）信息共享能力。有了共享意愿，还需要发布方有能力将信息及时发布出去，接收方有能力及时接收到，这就是信息共享能力。信息共享能力一般体现在信息系统上，需要通过各种 IT 软件来解决。我们还要建立信息反馈机制，使信息共享落到实处，也使信息共享能真正发挥作用。

3. 减少和控制能力不对称造成的不确定性

能力不对称是指各方的能力水平不一样，这样会造成各方理解不一，从而采取的措施各不相同，给供应链带来大的波动和不确定性。

某公司得到一个关于政策层面的消息，某物料未来市场供应可能收紧，于是公司要求各部门提前应对。研发人员着手寻找可替代物料，采购人员则准备提前抢购这种物料。但是，物料计划人员给采购人员提交的物料订购数量不是很多，采购人员虽然觉得不妥，但是并未在意。后来，当这种物料的市场供应开始收紧时，找到可替代的物料并不是一蹴而就的，这时公司发现所备物料完全无法满足生产需求，这使得公司的销售人员非常被动，并由此带来一系列新的不确定性。

上述案例中的物料计划人员之所以不足量订购，是因为他以自己的经验判断该项政策不会很快落实，所以就自作主张地按正常情况订购。这正是因能力不对称造成的不确定性的典型案例。

解决能力不对称更好的办法就是让专业人才专业操作，即专业人做专业事。

设置安全库存是一个技术活，需要专业人才来负责。安全库存的专业既体现在安全库存的设置上，也体现在安全库存的审核上，同时还体现在安全库存的日常跟踪与调整上。安全库存和库存控制的专业体现在库存管理、物料管理的方方面面。

第 3 篇

订货与订货模型

第 8 章

订货的概念

库存控制是供应链管理的重要组成部分，而订货是库存控制的重要组成部分。

订货是指采用订货模型，定期或不定期、定量或不定量地向供应商（外部供应商和内部生产车间）下达订货需求的过程。

订货需要解决以下三个问题：要不要订货？订多少货？何时到货？

8.1 仓库管理与库存管理

老王是一家小型工厂的管理者。这家工厂的仓库尽管不是很大，但完全可以满足日常需求。但是，最近仓库持续处于爆仓状态，严重时，一部分物料堆放到了车间，甚至堆放到了员工食堂。

于是，老王高薪聘请了一位专业的仓库管理人才小王。小王在大型企业里做过仓库主管，对仓库管理很有经验。

小王入职后，虽然把仓库管理得有条不紊，现场清晰，账目清楚，但是爆仓状况没有任何改善。因此，老王认为小王不专业，想重新聘请一位仓库管理人才来解决这个问题。

后来，老王让笔者推荐人选，笔者在问清楚情况后告诉他："你需要找的是一位库存管理人才，而不是仓库管理人才。"笔者向他解释了仓库管理与库存管理的不同，并且告诉他："小王能在短时间内在爆仓情况下让仓库现场清晰，账目清楚，是一个不可多得的仓库管理人才。"

很多人认为仓库管理和库存管理是同一个概念。其实，尽管这两者主要面对的都是库存，但其概念完全不同。其区别可以用一句话表示：仓库管理的对象是已经在仓库的库存，库存管理的任务则是要弄清楚仓库为什么要有这些库存。

仓库管理和库存管理的不同之处体现在以下四个方面。

（1）管理对象不同。仓库管理的对象是存放在仓库的库存；库存管理的对象是整条供应链上包括供应商和客户的库存。

（2）核心业务不同。仓库管理的核心业务是进销存管理，即物料的入库、出库和物料在仓库内库存的管理；库存管理的核心业务是订货，即确定要不要订货、订多少货和何时到货。

（3）管理目的不同。仓库管理的目的是保证库存物料完好无损，提供准确的库存数据；库存管理的目的是库存控制，提高库存的周转率，即确定需要多少库存，寻找办法以合适的库存来满足既定的客户交付需求。库存管理其实就是库存控制。

（4）管理职能不同。仓库管理的职能是执行，其侧重于对仓库货物的保管和移动，以及仓库环境的管理；库存管理的职能是计划，其侧重于对库存的计划，以及数据的统计与处理。

从以上可以看出，仓库管理是库存管理的一个方面，或者说仓库管理是库存管理的一个环节。当然，这是非常重要的一个方面，也是必不可少的一个环节。这是因为仓库管理是库存管理的前提和基础，没有仓库管理的准确数据，就没有库存管理存在的作用和价值。可以这样说，仓库管理的数据准确性决定着库存管理的数据准确性。

8.2　订货提前期与订货周期

1. 什么是提前期

目前，并无公认的关于提前期的定义。本书给出的提前期的定义如下：提前期是指为了做某项任务，而必须提前完成的另一项任务的从开始启动到完成结束的时间总和。

对该定义的解释如下。

（1）提前期不是针对正在做的某项任务，而是针对为了做这项任务而必须提前完成的另一项准备性任务。这也是其被称为"提前"的原因。

例如，某企业销售某产品，在销售实现时，企业需要有这款产品在库（否则无法交付），即企业需要提前准备这款产品。在该案例中，"销售某产品"是企业正在做的任务，而"准备这款产品"是企业需要提前完成的准备性任务。

提前期针对的就是这个需要提前完成的准备性任务，即"准备这款产品"。如果这款产品是企业自己生产的，那么提前期就是生产提前期；如果这款产品是企业向外采购的，那么提前期就是采购（订货）提前期。

（2）提前期不是一个具体的时间，而是完成准备性任务全过程各个阶段所需要耗费的时间总和。

一般情况下，提前期包括为完成这项任务的计划时间、准备与执行时间、等待与流转时间、完结与验收时间等。例如，生产提前期是从接到生产指令（生产计划）开始，到产品检验入库的时间总和，包括生产计划下达时间、物料准备时间、生产加工时间和检验入库时间等。

2. 订货提前期

以交货日期为基准倒排计划，推算出工作的开始日期或订单下达日期，这个期间的时间跨度称为订货提前期。

订货是为了应对需求。订货提前期就是为了满足需求而提前订货这个过程所需要的时间总和。订货提前期一般以"天"为单位，计算的是从订货需求提出到物料检验入库的过程的时间总和。该时间总和包括订货需求提出与审批时间、采购订单审批和下达时间、供应商订单接受录入时间、供应商订单审核流转时间、供应商物料准备时间、供应商生产排程及排队时间、供应商生产及检验入库时间、供应商发货及物流运输时间、物料入库检验时间及仓库上架时间等。

按订货方的主体不同，订货提前期可以分为买方订货提前期和卖方订货提前期。买方订货提前期是指从买方发出订单到收到货物的过程时间总和。卖方订货提前期是指卖方从接受订单到货物最终交付给客户的过程时间总和。

显然，买方订货提前期不等于卖方订货提前期。但如果买方和卖方是相互对应的关系，那么买方订货提前期和卖方订货提前期会有部分重叠，买方订货提前期非常接近于卖方订货提前期，但并不完全相同。

在供应链管理与库存控制实践中，如果没有特别说明，订货提前期一般指买方订货提前期。

3. 订货周期

订货周期，也称订货间隔期，是指两次订货之间的时间间隔。例如，上次订货是 1 号，这次订货是 11 号，1 号到 11 号之间的时间间隔为 10 天，那么订货周期就是 10 天；如果固定为每周二发出订货需求，那么订货周期就是固定的一周，即 7 天。

从效率的角度出发，供应链希望订货周期越长越好，因为订货周期越长，需要做的事就越少。但是，如果订货周期延长，就代表周转库存和安全库存都需要增加，从而会增加企业的总库存，提高企业的库存持有成本，并增加不确定性；相反，如果订货周期缩短，那么会减少企业的总库存，降低企业的库存持有成本，并减少不确定性。但是，缩短订货周期会增加供应链的工作量，降低供应链的工作效率，并且会使订货次数增多，从而增加订货费用。

因此，订货周期是延长还是缩短需要企业和供应链的高层管理人员根据实际情况来确定。

4. 订货提前期与订货周期的不同

很多人将订货提前期与订货周期混为一谈，其中不乏供应链管理人员。其实，订货提前期与订货周期是两个完全不同的概念，两者之间也没有必然的联系。

订货提前期是从订单发布到货物检验入库之间的时间总和，即完成一次订货所需要的时间。当订货完成时，订货提前期就不再计算；订货周期是两次订货需求下达的间隔时间，与单次订货具体执行了多长时间没有必然的联系。

可以这样理解，订货提前期是从订货到收货之间的时间，订货周期则是从这次订货到下次订货之间的时间。

例如，单次国际足联世界杯（以下简称"世界杯"）进行的时间可以理解为订货提前期，两次世界杯之间的时间可以认为是订货周期。单次世界杯进行的时间（订货提前期）一般在 30 天左右，而两次世界杯之间的时间（订货周期）为四年，两者完全不同。

8.3 再订货点与订货点法

物料的订货需求来自客户的需求，客户的需求触发物料的订货需求。当客户的需求产生而供应链的库存不足以满足客户的需求时，库存控制人员就需要提出订货需求，制订订货计划。

1. 物控员向谁订货

订货是库存控制最重要的工作。在供应链管理中，订货工作一般由库存控制团队中的物控员负责。

大家可能会有疑问，物控员不是向供应商订货吗？当然不是。在大多数企业中，物控员不直接面对供应商。物控员提出订货需求，其实是根据客户的需求与企业的现有库存来制订订货计划。物控员是向企业内部负责执行订货计划的人员进行订货。

企业内部谁负责执行订货计划呢？这里分以下两种情况。

（1）当物料由外部供应商提供时，订货计划交由采购人员执行，即采购人员负责执行订货计划，这时物控员是向采购人员订货。

（2）当物料由企业自己生产时，订货计划交由生产人员执行，即生产人员负责执行订货计划，这时物控员是向生产人员订货。

物控员在向采购人员或生产人员订货后，采购人员或生产人员会根据订货要求进行相应的采购或生产，并完成交付，以满足客户的需求。

2. 再订货点

再订货点又称订货点，是指为避免完全缺货而必须发出新的订单的剩货水平。可以这样理解，为了应对需求（避免缺货），需要提前订货，在提前订货的条件下，再次发出订货需求时，仓库尚有的库存就是再订货点。

当物料的库存下降到或低于再订货点时，企业需要启动补货程序，提出订货需求。

3. 订货点法

在介绍订货点法之前，我们先看一个案例。

某企业的 A 物料是生产中正常使用的一种物料。当生产持续进行时，A 物料的库存会持续减少。为了保障持续生产，企业需要保证 A 物料能够满足生产需求，即 A 物料不能断料。但 A 物料不会随用随有，企业不能等 A 物料用完后再订货，而需要提前发出订货需求。因此，企业需要在 A 物料没用完还有一定库存时就订货。当企业订购的货物检验入库时，A 物料的库存刚好用完或略有库存（安全库存），从而可以有效地满足企业的生产需求。

在上述案例中，A 物料采用的订货方法就是订货点法。

在日常经营活动中，企业仓库内的物料或产品由于持续生产或持续销售会逐渐减少，当物料或产品的库存下降到预先设定的点（或控制阈值）时，企业就需要发出订货需求，以补充库存，避免断料或缺货。但从发出订货需求到货物检验入库需要一定的时间，在该时间段内，当物料或产品的库存下降到安全库存时，企业订购的货物刚好到达仓库，从而满足客户的持续需求。这就是订货点法，预先设定的点（或控制阈值）就是再订货点。

以再订货点为控制阈值而进行订货的方法就是订货点法。订货点法是常用的物料订购和库存控制方法。

当物料或产品的库存下降到安全库存时，企业订购的货物刚好到达仓库，这句话的意思是为了应对异常和不确定性，企业要随时保证安全库存，因此订货点法有时也称安全库存订货法。

4. 图解订货点法

下面以图 8-1 为例对订货点法进行解释。一般情况下，随着时间的推移，需求持续产生，库存逐渐消耗，当库存从 P 降至 P_1 时，订货人员发出订货需求。在订货提前期内，库存继续消耗，当库存从 P_1 降至 P_2 时，在 P_1 时订的货物刚好检验入库，库存恢复至 P，依此往复。

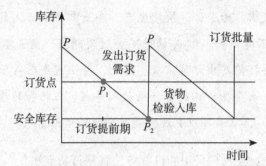

注：P 表示物料到货后的库存点；P_1 表示再订货点；P_2 表示安全库存点。

图 8-1　图解订货点法

订货点法能有效地避免断料或缺货，也能有效地避免超储库存，是常用的订货方法。

5. 再订货点不是固定的

在 VUCA 时代，需求和供应都在快速变化，因此，再订货点也不能一成不变，而需要根据实际情况进行调整。

如果再订货点固定不变，当需求增加时，因订货时间延后（需要等到破再订货点才触发订货），可能会造成断料或缺货；当需求减少时，因订货时间提前（只要到了再订货点就触发订货），可能会增加总库存，造成库存积压甚至变成呆滞库存。

8.4　定量订货法与定期订货法

订货点法在供应链实践中有很多种具体的操作方法，其中定量订货法和定期订货法应用广泛。

1. 定量订货法

定量订货法全称为定量订货库存控制法，是指当物料的库存下降到预先设定的订货点时，按照事前确定的订货批量发出该物料订货需求的一种订货方法。

定量订货法的两个核心参数如下。

（1）预先设定的订货点。根据定量订货法，当物料的库存下降到预先设定的订货点时立即发出订货需求，这个预先设定的订货点就是再订货点。

（2）事前确定的订货批量。当物料的库存下降到再订货点时，物控员需要发出订货需求，这个需求中必须包含具体的订货批量。对于订货批量，定量订货法要求事前确定。在订货的过程中，按事前确定的订货批量进行订货。这个事前确定的订货批量就是定量。

定量订货法主要依靠再订货点和订货批量这两个参数来实施订货。控制再订货点能有效地满足客户的需求，避免断料或缺货；控制订货批量能有效地控制总库存，降低库存持有成本，同时保障库存健康。

另外，预先设定的订货点和事前确定的订货批量可以是固定的数值，但在实践中，预先设定的订货点和事前确定的订货批量都只是一个计算公式，需要根据这个公式计算得出订货点和订货批量。

2. 定期订货法

定期订货法全称为定期订货库存控制法，是指按预先确定的订货周期监控再订货点进行订货，以补充库存满足需求的一种订货方法。

定期订货法的逻辑是：每隔一段固定的时间（如一周一次或每逢周一）检查一次物料的库存，当物料的库存低于预先设定的再订货点时立即发出订货需求。

定期订货法涉及四个重要参数，分别是订货周期、目标库存、再订货点和订货批量。其中，订货周期是事前确定的，每到该周期点立即检查库存，确定是否需要订货。

3. 定期订货法也是订货点法的原因

部分理论认为，定量订货法才是订货点法，而定期订货法不是订货点法。其实，定期订货法也是订货点法，因为定期订货法的订货触发点也是再订货点。

定期订货法是在固定的周期监控物料的库存，当物料的库存下降到或低于再订货点时立即进行订货。定期订货法中触发订货的正是再订货点。因此，定期订货法也是订货点法。

4. 定量订货法与定期订货法的区别

定量订货法与定期订货法都是订货点法，都能有效地应对需求和进行库存控制，但两者有明显的区别。具体内容如下。

（1）从订货周期和订货批量来看，定量订货法的订货批量是固定不变的，订货周期随实际库存的变化而变化；而定期订货法的订货周期是固定不变的，订货批量随实际库存的变化而变化。

（2）从对实际库存的关注程度来看，定量订货法要求库存控制人员随时监控物料的实际库存，当物料的实际库存下降至再订货点时立即发出订货需求；定期订货法要求库存控制人员只需要在固定的周期内监控一次物料的实际库存。

（3）从各自的优劣势来看，定量订货法的优势是能随时掌握库存状态，能有效地避免断料和降低库存。其劣势是操作复杂，需要库存控制人员随时监控物料的库存，工作量较大；因订货时间不确定，既不利于合并订货及批量采购，也不利于采购计划的编制与实施。定期订货法的优势是操作简单，可以进行合并订货和批量采购，有利于减少库存控制人员的工作量，有利于大幅度提高采购人员的工作效率，同时有利于采购议价。其劣势是该方法造成断料或库存高企的概率较大。

8.5 库存持有天数与可供应库存天数

很多供应链从业人员不能很好地区分库存持有天数与可供应库存天数的概念，甚至有人认为库存持有天数与可供应库存天数是同一个概念。

库存持有天数与可供应库存天数尽管都包含"库存天数"这四个字，但它们并不是同一个概念。

1. 库存持有天数

库存持有天数是指企业持有库存的天数。这里的重点是"持有"两个字，它强调库存从入库开始到消耗、销售为止所经历的全部天数，而这也正是库存周转天数。所以，库存持有天数就是库存周转天数。其计算公式如下：

$$库存持有天数（库存周转天数）期间天数 ÷ 期间库存周转次数$$

公式中，期间天数是指观察期间的总天数。例如，如果以月为观察期间，那么期间天数为 30 天；如果以年为观察期间，那么期间天数为 365 天；期间库存周转次数的"期间"与期间天数一致。期间库存周转次数的计算公式如下：

$$期间库存周转次数 = 期间销售总成本 ÷ 期间平均库存$$

公式中，期间平均库存一般以期间各期期末的库存取平均，如年平均库存，一般取全年 12 个月月末库存的平均数。当然，也有更简单的计算方法：

$$全年平均库存 = （年初库存 + 年末库存）÷ 2$$

2. 可供应库存天数

可供应库存天数，也称供应天数或库存天数，是指企业库存可以持续供应的天数。这里的重点是"可供应"三个字，它强调了现有库存能满足未来需求的天数。可供应库存天数的计算公式如下：

单个库存量单位（Stock Keeping Unit，SKU）可供应库存天数 = 库存数量 ÷ 未来日均需求量

总库存可供应库存天数 = 库存总金额 ÷ $\sum$（未来日均需求量的金额）

上述两个公式中，未来日均需求量是指未来的需求量，它源自预测。在取预测值时，需要考虑市场因素，而不仅仅是历史需求的简单平均。

3. 库存持有天数与可供应库存天数的不同

库存持有天数与可供应库存天数的不同之处主要体现在以下三个方面。

（1）作用不同。库存持有天数是一个库存控制指标，其主要作用是反映库存的周转速度，反映库存的健康程度及利用效率，从而评价企业的库存控制绩效甚至企业的整体绩效。库存持有天数是企业的一个业绩评价指标和财务指标；可供应库存天数是一个库存预警指标，其主要作用是及时反馈物料或产品的库存能否满足生产需求或客户需求。可供应库存天数是企业的一个客户服务指标和供应链管理指标。

（2）对象不同。库存持有天数针对的是总库存，一般以库存金额计算得出，反映的是库存的健康程度；可供应库存天数针对的是单个 SKU 的库存，一般以库存数量计算，反映的是满足客户需求的程度。

（3）方向不同。库存持有天数是往后看，其统计分析的是过去的数据，即实际已经发生的数据，看的是已经发生的历史业绩；可供应库存天数是往前看，其统计分析的是需求预测数据，即未来可能发生的数据，看的是满足需求的可能程度。

4. 库存持有天数与可供应库存天数的共性

库存持有天数与可供应库存天数的共性是，都是重要的供应链管理指标和反映库存持有水平的指标。

从库存持有水平来说，库存持有天数与可供应库存天数都是越少越好。

库存持有天数越多，库存周转就越慢，库存就越大，库存风险就越高，库存就越不健康。对总库存持有水平来说，库存持有天数越少越好。

可供应库存天数越多，库存就越大，库存风险就越高。对总库存持有水平来说，可供应库存天数越少越好。

但是，库存持有天数与可供应库存天数过少都会影响客户服务水平，因此，为达到一定的客户服务水平，企业和供应链的高层管理人员需要平衡这多和少的关系与得失。

第9章
定量订货模型与应用实例

订货是库存控制重要的组成部分。在库存控制实践中，常用的订货方法是定量订货法和定期订货法。这两种方法的具体操作工具是定量订货模型和定期订货模型。

9.1 定量订货模型的设计思路与建模步骤

1. 定量订货模型的设计思路

定量订货法是指当物料的库存下降到预先设定的再订货点时，按照事前确定的订货批量发出该物料订货需求的一种订货方法。

定量订货模型是实现定量订货法、让定量订货法落地执行的常用工具。不管是供应链管理系统自带的定量订货模型，还是用 Excel 制作的定量订货模型，其设计思路都参考了定量订货法的定义，主要体现在以下几个方面。

（1）预先设定再订货点和事前确定订货批量。除了特别简单的订货模型（如双箱系统订货模型），预先设定的再订货点和事前确定的订货批量都不是给出具体的数值，而是预先与事前在模型中给出再订货点和订货批量的计算公式。

（2）监控库存。定量订货法要求库存控制人员随时监控库存，即模型需要即时掌握物料实际库存的变化情况。"即时"具体是多长时间，需要根据企业的实际情况确定。另外，如果库存控制人员在检查库存后发现物料有大批量异动，那么在该物料异动完成后需要再核查库存。

定量订货模型监控的是供应链全链的库存，包括客户的库存（车间线边库存）、公司的库存（仓库库存）和供应商的库存（供应商未交付的订单）。

监控库存一般以导入即时库存明细表（库存系统账或手工账都可以）的方式进行，如果发现库存异常，就需要立即进行实地盘点，以确认实际库存的准确性。库存准确是定量订货模型设计的基础，如果库存不准确，即使模型设计得再完善，也不会带来好结果。

（3）发出警报。当物料的库存下降到再订货点时，模型自动发出警报。

（4）订货。当模型发出警报时，库存控制人员按事前确定的订货批量进行订货。

2. 定量订货模型的建模步骤

按照定量订货模型的设计思路，可以对定量订货模型进行建模。具体步骤如下。

第一步，收集数据。在进行建模前，首先要收集相关数据。

第二步，确定订货提前期。订货提前期是定量订货模型的重要参数。

第三步，计算再订货点。在计算再订货点时，需要先计算安全库存和最低库存。

第四步，计算订货批量。采用合适的订货批量计算方法来计算订货批量。

第五步，确定订货批量。根据计算得出的订货批量，综合考虑诸如最小起订量等因素，确定订货批量。

第六步，定量订货模型设计。建议大家使用 Excel 设计定量订货模型。

第七步，生成并提出订货需求。这其实是定量订货模型的运行结果，但建模就是为了订货，故将其作为建模的第七步。

以上是定量订货模型建模的七个步骤。其中，收集数据和确定订货提前期两个步骤需要格外注意。

（1）收集数据

模型运行和建立都需要使用数据，并且必须有数据，否则模型就是一个框架或摆设。一般需要收集以下两种数据。

① 历史数据。收集、整理物料的历史实际使用量或发货量数据，必要时需要对数据进行清洗。收集的数据粒度越小越好，如按最小的 SKU 收集（如同一规格的物料有五种颜色，则为五个 SKU）、按天收集等。

② 未来数据。未来数据就是对某物料在未来计划采取或预期采取某些行动的数据。例如，在产品促销期间，物料的用量可能会大幅度增加，这时就需要收集促销开始及持续的时间、涉及的产品、促销数量等数据。

（2）确定订货提前期

对物料管理和库存控制来说，订货提前期是一个非常重要和关键的指标或参数。订货提前期影响着安全库存量、最低库存量、目标库存量和最高库存量，其不仅与库存总量息息相关，还和库存风险（不确定性）成正比。订货提前期越长，库存总量就越高，库存就越难控制，库存风险就越高。

企业需要与供应商沟通确认订货提前期。订货提前期可以细化到半天甚至1小时。订货模型计算时，订货提前期单位向上取整为天。

需要说明的是，订货提前期不是一成不变的，企业需要根据实际情况与供应商沟通，定期或不定期地调整订货提前期。

9.2 再订货点的计算与确认

定量订货模型建模的第三步是计算再订货点。再订货点是定量订货模型运行时进行订货的触发点，是定量订货模型的核心参数。

1. 再订货点的计算公式与计算思路

采用定量订货法，再订货点追求的理想的结果是，当订购的物料检验入库时，仓库内该物料的库存刚好用完。

因为订货提前期内的需求就是必须保留最低库存，所以在理想状态下，再订货点等于最低库存。

在实际工作场景中，供应链中存在若干不确定性，需求和供应都随时会发生变化，上述这种理想的状态几乎不可能实现。因此，为了应对不确定性，以及需求和供应的随时变化，需要设置安全库存。也就是说，再订货点需要在最低库存的基础上加上安全库存，以应对未来的不确定性。

这样一来，再订货点的计算公式可以调整为：

$$再订货点 = 最低库存 + 安全库存$$

从上述公式可以看出，在计算再订货点前，需要先计算最低库存和安全库存。

为便于讲述和理解，下面模拟了一组数据。假定 A 物料的订货提前期为 10 天，客户服务水平为 99%。A 物料 13 周每周的实际用量如表 9-1 所示。

表 9-1　订货模型原始数据

物料名称	单位	订货提前期（天）	A 物料的实际用量（周）												
			第 1 周	第 2 周	第 3 周	第 4 周	第 5 周	第 6 周	第 7 周	第 8 周	第 9 周	第 10 周	第 11 周	第 12 周	第 13 周
A	个	10	34 491	37 739	32 662	32 659	33 401	36 285	39 763	38 557	36 535	35 571	33 500	37 241	36 963

2. 计算最低库存

计算再订货点的第一步是计算最低库存。最低库存是一种周转库存，是必须保证的、为满足需求的最低的库存，是理论上肯定会用得到的库存。如果物料的库存低于最低库存，理论上来说肯定会断料。最低库存的计算公式如下：

$$最低库存 = 日均需求量 \times 订货提前期$$

公式中，日均需求量为预测需求量，而不是实际需求量。

计算步骤如下。

（1）计算日均需求量。本例采用一次指数平滑法预测未来一周的需求量（见表9-2），结果为35 996个，用它除以7，即可得到日均需求量约为5 142个。

（2）确定订货提前期。本例中，A物料的订货提前期为10天。

（3）计算最低库存。将日均需求量5 142个、订货提前期10天这两个参数代入最低库存的计算公式，即最低库存 = 5 142 × 10 = 51 420（个）。

表9-2　采用一次指数平滑法预测未来一周的需求量

物料名称	单位	订货提前期（天）	实际用量（周）													周均需求量
			第1周	第2周	第3周	第4周	第5周	第6周	第7周	第8周	第9周	第10周	第11周	第12周	第13周	平均值	
A	个	10	34 491	37 739	32 662	32 659	33 401	36 285	39 763	38 557	36 535	35 571	33 500	37 241	36 963	35 797	
一次指数平滑	$\alpha = 0.15$		34 964	34 893	35 319	34 921	34 581	34 404	34 686	35 448	35 914	36 007	35 942	35 575	35 825	35 996	35 996

3. 计算安全库存

计算再订货点的第二步是计算安全库存。本例采用灭绝师太算法的简化公式计算A物料的安全库存。

灭绝师太算法的简化公式如下：

$$安全库存 = Z\sigma_d\sqrt{\overline{L}}$$

公式中，Z是安全系数；σ_d是日需求量的标准差；$\overline{L}$是订货提前期。

计算步骤如下。

（1）计算安全系数。本例中，客户服务水平为99%，经查看安全系数表，得到安全系数值为2.326。

（2）计算日用量的标准差。用STDEVPA函数计算出周用量的标准差，用它除以$\sqrt{7}$，即可得到日用量的标准差约为837.3（见表9-3）。

（3）确定订货提前期。本例中，A物料的订货提前期为10天。

（4）将安全系数2.326、日用量的标准差837.3和订货提前期10天这三个参数代入灭绝师太算法的简化公式，即安全库存 = 2.326 × 837.3 × $\sqrt{10}$ ≈ 6 159（个）。

表 9-3　日用量的标准差的计算结果

物料名称	单位	订货提前期（天）	A物料的实际用量（周）														日用量的标准差
			第1周	第2周	第3周	第4周	第5周	第6周	第7周	第8周	第9周	第10周	第11周	第12周	第13周	平均值	
A	个	10	34 491	37 739	32 662	32 659	33 401	36 285	39 763	38 557	36 535	35 571	33 500	37 241	36 963	35 797	837.3

4. 计算再订货点

本例中，已知最低库存为 51 420 个，安全库存为 6 159 个，将这两个参数代入再订货点的计算公式，即再订货点 = 51 420+6 159 = 57 579（个）。

9.3 计算订货批量与最高库存定量法

确定再订货点后，库存控制人员要随时监控物料的库存，当物料的库存下降至再订货点或再订货点以下时，立即发出订货需求。那么需要订多少货呢？这就需要通过计算来确定订货批量。

1. 订货批量

一个完整的订货需求包括三部分，分别是要不要订货、订多少货和何时到货。

订货批量即单次订货的数量。一般情况下，订货批量不能太少，否则过不了多久，要么再次订货增加订货费用，要么面临断料或缺货风险；订货批量也不能太多，否则尽管断料或缺货风险很低，但会大幅度增加库存和库存持有成本。

订货批量除了受需求因素的影响，还受其他因素的影响，如供应商的最小起订量、最小外包装规格等。

在库存控制实践中，企业需要根据自身的实际情况和需要确定订货批量。

很多时候，大家都希望能有一个可直接套用的最佳订货批量，于是，经济订货批量应运而生。

2. 经济订货批量

经济订货批量（见图 9-1）又称整批间隔进货模型，是通过平衡采购进货成本和保管仓储成本核算，以实现总库存成本最低的最佳订货批量。

经济订货批量中"经济"的含义是，当企业按照经济订货批量进行订货时，可以实现订货费用和库存持有成本之和最低。

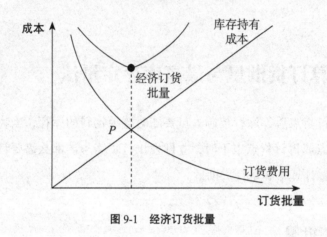

图 9-1　经济订货批量

从图 9-1 中可以看出，当订货批量增加时，订货费用越来越少，库存持有成本越来越高。

显然，订货费用和库存持有成本是矛盾的。为了解决这个矛盾，经济订货批量应运而生。经济订货批量是平衡订货费用和库存持有成本，实现订货费用和库存持有成本之和最低的一个订货批量。

图 9-1 中订货费用曲线和库存持有成本曲线有一个交叉点 P，在该交叉点 P 上，订货费用和库存持有成本之和最低。

交叉点 P 对应的订货批量就是经济订货批量。

3. 经济订货批量的计算公式

经济订货批量的计算公式如下：

$$经济订货批量 = \sqrt{\frac{2 \times D \times C_T}{C_I}}$$

公式中，D 为年需求量，是预测的未来一年的需求量；C_T 为单次订货费用。订货费用是指因订货而产生的费用，包括订货申请审核与管理费用、订货处理人员工资与福利费、运输费、装卸费等。单次订货费用按次数计算；C_I 为单位库存持有成本。在供应链管理中，库存持有成本是指持有库存而产生的各种成本。库存持有成本包括库存持有的直接成本（如仓库租金、设备折旧费、仓库的水电费、仓库人员的工资福利费等）、间接成本（或称库存资金占用成本或机会成本）和风险成本（如贬值损失、过期损失、报废损坏损失等）。单位库存持有成本按年度计算。

4. 经济订货批量应用实例

本例中，A 物料的年需求量为 180 万个，单次订货费用为 300 元，单位库存持有成本为 0.5 元。将这三个参数代入经济订货批量的计算公式，即 A 物料的经济订货批量 $= \sqrt{\dfrac{2 \times 1\,800\,000 \times 300}{0.5}} \approx 46\,476$（个）。

上述计算结果说明，A 物料订货 46 476 个时，订货费用和库存持有成本之和最低。同时，对于经济订货批量，也可以这样理解，用年需求量 180 万个除以经济订货批量 46 476 个，约等于 39 次，这说明在经济订货的情况下，A 物料全年需要订货 39 次。

5. 经济订货批量是一种理想状态

经济订货批量能够平衡订货费用和库存持有成本，使总费用最低，这看起来很完美。但是，在库存控制实践中，经济订货批量很难计算和操作，它所涉及的三个参数都不容易确定，因此，经济订货批量只是一种理想状态。

从经济订货批量的计算公式可以看出，经济订货批量的计算主要涉及三个参数：年需求量、单次订货费用和单位库存持有成本。

（1）年需求量是一个预测数，并且是具体到单种物料的预测数。单种物料以年为单位进行预测，其准确率非常低。

（2）单次订货费用不仅涉及面广，而且企业很难划分清楚，也很难计算准确，因此，单次订货费用一般只能估算。

（3）单位库存持有成本的构成与计算都很复杂，很难得到确切的数字，往往也只能进行估算。

在库存控制实践中，不建议大家用经济订货批量当作定量订货模型的订货批量。

本书提出了一个基于最高库存确定订货批量的计算方法，并将该方法命名为最高库存定量法。

6. 最高库存定量法

最高库存定量法的主要思路是，将定量订货法以订货批量为"定量"，改为以提出订货需求时最高库存的量为"定量"。其具体的做法是：确定企业可以承受的最大库存。订货时，保障包含这次订货在内的全链库存不大于该最大库存。

以最高库存定量法计算订货批量的计算公式如下：

$$订货批量 = 最高库存 - 现有总库存$$

下面以具体的操作步骤来说明和解释最高库存定量法。

（1）计算最高库存。最高库存是企业可以承受的最大库存。最高库存的确定目前没有统一的算法，企业可以根据自己的实际情况采用不同的思路和算法。建议大家采用以下公式计算最高库存：

$$最高库存 = 安全库存 + （最低库存 \times 2）$$

之所以建议大家采用上述公式计算最高库存，是因为再订货点 = 安全库

存 + 最低库存,最高库存 = 安全库存 + (最低库存 × 2) = 再订货点 + 最低库存。又因为最低库存的量等于订货提前期的需求量,所以再订货点 + 最低库存代表在一般情况下,本次订货后到物料检验入库前库存不会再破再订货点。

需要说明的是,最高库存必须考虑库容情况,即必须考虑仓库有多大,经计算得出的最高库存不得大于库容(或不得大于库容的一定比例)。

(2)计算现有总库存。在订货模型中,现有总库存不仅指公司的库存,还指供应链全链的库存,包括客户的库存(车间线边库存)、公司的库存(仓库库存)和供应商的库存(供应商未交付的订单)。现有总库存的计算公式如下:

现有总库存 = 客户的库存 + 公司的库存 + 供应商的库存

(3)计算订货批量。按照以最高库存定量法计算订货批量的计算公式,将计算出来的最高库存减去现有总库存,即可得到订货批量。

7. 最高库存定量法应用实例

本例中,A 物料的安全库存为 6 159 个,最低库存为 51 420 个。假设车间线边库存为 5 000 个,仓库库存为 25 000 个,供应商未交付的订单为 20 000 个,则订货批量的计算步骤如下。

(1)计算最高库存。将安全库存 6 159 个和最低库存 51 420 个这两个参数代入最高库存的计算公式,即 A 物料的最高库存 = 6 159+51 420 × 2 = 108 999(个)。

(2)计算现有总库存。将车间线边库存 5 000 个、仓库库存 25 000 个和供应商未交付的订单 20 000 个这三个参数代入现有总库存的计算公式,即 A 物料的现有总库存 = 5 000+25 000+20 000 = 50 000(个)。

(3)计算订货批量。将最高库存 108 999 个和现有总库存 50 000 个这两个参数代入最高库存定量法的订货批量计算公式,即 A 物料的订货批量 = 108 999 − 50 000 = 58 999(个)。

9.4 确定订货批量

1. 关于订货批量为零的疑问

笔者的一位朋友曾提到，采用经济订货批量订货，按照经济订货批量的计算公式，如果单次订货费用为零，那么计算结果也是零，即经济订货批量为零。这似乎有些不合理，零批量还订什么货呢?

显然，他误解了实际订货时的订货批量。

不管是采用经济订货批量确定订货批量，还是采用最高库存定量法计算得出订货批量，在库存控制实践中，都不能直接将计算出的订货批量当作最终订货批量。这是因为最终订货批量受很多因素的影响，如最小起订量、仓库库容限制等。

如果单次订货费用为零，按经济订货批量的计算公式计算得出的经济订货批量为零，这是正确的。因为，如果企业订货不产生费用，那么就不需要提前订货，等到企业需要使用的时候直接让供应商送货，需要多少就要求供应商送多少，货随用随到。但是，最终订货批量受很多因素的影响，计算出来的订货批量只是其中的一个影响因素。

在库存控制实践中，计算出订货批量后，还需要进行一系列的计算与对比，才能得出最终订货批量。

2. 影响最终订货批量的其他因素

不管采用哪种订货批量计算方法，计算出的订货批量都不是最终订货批量，因为最终订货批量受很多因素的影响，具体如下。

（1）最小起订量。最小起订量是影响订货批量的因素之一。最小起订量是与供应商事前约定的某物料单次订货最小的数量。之所以要设定最小起订量，是因为如果一次订货数量太少，供应商无法生产或生产费用太高。当然，如有特定原因，可以不考虑最小起订量。

（2）最小起送量。最小起送量是指一次送货最小的数量。最小起订量针对的是单种物料；而最小起送量针对的是同批采购的多种物料，多种物料可以合并计算。约定最小起送量主要是解决送货成本（如运输费、装卸费等）的问题，如果一次送货量太少，可能会导致送货成本过高。

（3）最低库存。一次下单的数量不要少于最低库存，如果订购的数量比最低库存少，那么需要增加下单和送货的次数。

（4）最小外包装规格。企业需要以最小外包装规格或最小外包装规格的倍数订货，否则会增加供应商的包装与送货成本，并增加企业的收货及仓库管理难度，同时不利于对物料的保护。

（5）仓库库容。仓库库容很好理解，如果一次送货的数量太多，仓库会放不下或占用其他物料存放区域。由于单种物料的仓库库容不方便计算与评估，一般情况下，以物料的最高库存代替仓库库容。当然，如果存在用量确实很大但库容太小的情况，这时可采取分批送货的策略。

（6）现有总库存。现有总库存是指在订货之前所有在库和在途的库存。如果现有总库存多且订货批量大，那么会造成库存高企或库存失控。

3. 最终订货批量的计算与确认

最终订货批量主要受以上六个因素的影响。本例将以上六个因素分别编号为①～⑥，同时将采用最高库存定量法计算得出的订货批量编号为⑦（见图 9-2），对这七个数据进行分析与计算，确定最终订货批量。

① 最小起订量
② 最小起送量
③ 最低库存
④ 最小外包装规格
⑤ 仓库库容
⑥ 现有总库存
⑦ 订货批量

图 9-2　计算最终订货批量的七个数据

最终订货批量的计算过程如图 9-3 所示。

① 最小起订量
② 最小起送量
③ 最低库存
④ 最小外包装规格
⑤ 仓库库容
⑥ 现有总库存
⑦ 订货批量

◆ MAX（①、②、③、⑦）→ Q_1
◆ MIN（Q_1, ⑤ + ③ − ⑥）→ Q_2
◆ ROUNDUP（$Q_2 \div$ ④,0）× ④

图 9-3　最终订货批量的计算过程

（1）取①、②、③、⑦的最大值（MAX 为求最大值函数），将该最大值定为 Q_1。这一步是计算最小起订量、最小起送量、最低库存和订货批量这四个数的最大值。

这一步的计算思路是：最终订货批量不能比最小起订量小，否则供应商不接单或需要增加额外费用；最终订货批量不能比最小起送量小，否则企业需要承担额外的运输费和装卸费；最终订货批量不能比最低库存小，否则企业需要增加下单和送货的次数。

（2）取 Q_1 与"最高库存 + 最低库存 − 现有总库存"的最小值（MIN 为求最小值函数），将该最小值定为 Q_2。这一步是计算 Q_1 与"最高库存 + 最低库存 − 现有总库存"的最小值。

这一步的计算思路是：最终订货批量不能大于"最高库存 + 最低库存 − 现有总库存"的量。

最终订货批量不能大于"最高库存 + 最低库存 - 现有总库存"的量的原因如下。

① 最高库存、最低库存、安全库存和再订货点的对应关系为：因为最高库存 = 安全库存 + （最低库存 × 2），再订货点 = 安全库存 + 最低库存，所以最高库存 = 再订货点 + 最低库存。

② 当物料的库存破再订货点时，如果按"最高库存 + 最低库存 - 现有总库存"的思路订货，那么订货数量是最高库存 + 最低库存 - 再订货点。按①说明的对应关系展开，最高库存 + 最低库存 - 再订货点 = 再订货点 + 最低库存 + 最低库存 - 再订货点 = 最低库存 × 2。也就是说，当物料的库存被再订货点时，按"最高库存 + 最低库存 - 现有总库存"的思路订货，订货批量为最低库存 × 2。

③ 在订货提前期内，库存持续消耗与减少，到这次订购的物料检验入库时，现有库存量刚好为安全库存。这时，企业的现有总库存为安全库存加上这批订货的数量，即现有总库存 = 安全库存 + （最低库存 × 2），正好等于最高库存。

从上述解释可以看出，以最高库存 + 最低库存 - 现有总库存为订货批量订货时，当本次订购的物料检验入库时，这时企业的库存就是最高库存，这是库存控制所能容忍的最大值，也是理论库容能容忍的最大值。

因此，最终订货批量不能大于最高库存与最低库存之和。

需要说明的是，如果采用最高库存定量法确定订货批量，因为计算出的订货批量最大也就是最高库存，所以不存在这个问题，这正是推荐大家采用最高库存定量法计算订货批量的原因。

（3）将 Q_2 除以最小外包装规格④，向上取整（ROUNDUP 为向上取整函数），再乘以最小外包装规格④，即可得到最终订货批量。

关于最小外包装规格取整问题，下面举例说明。如果最小值为 52 个，最小外包装规格为 20 个 1 箱，那么订货需求为 2.6 箱，但 0.6 箱不方便包装，所以将这 2.6 箱向上取整为 3 箱（如为 2.1 箱，向上取整后也为 3 箱），再以取整后 3 箱 × 最小外包装规格 20 个，就可以得出最终订货批量为 60 个。

9.5 定量订货模型设计

定量订货模型建模的第六步是定量订货模型设计，这其实是定量订货建模的最后一步，因为建模的第七步生成并提出订货需求其实属于订货模型应用范畴。

1. 定量订货模型的结构

表 9-4 为用 Excel 制作的定量订货模型（以制造型工厂的生产物料为例）。

表 9-4　定量订货模型

定量订货模型																当天日期	2020年8月20日
物料名称	单位	最小外包装规格	订货提前期（天）	最小起订量	最小起送量	当日车间线边库存	当日仓库库存	供应商未交付的订单	现有总库存	日均需求量	安全库存	最低库存	最高库存	再订货点	订货报警	订货批量	最终订货量	要求到货时间
A	个	50	10	10 000	20 000	5 000	25 000	20 000	50 000	5 142	6 159	51 420	108 999	57 579	需要订货	58 999	59 050	2020年8月28日

定量订货模型的结构包括以下几部分。

（1）已知数据：包括物料名称、单位、最小外包装规格、订货提前期、最小起订量和最小起送量。这些数据是事前与各方沟通或谈判达成共识，并已确定的数据，可以直接用于计算。

（2）需要从其他表格导入或直接填入的数据：包括当天日期、当日车间线边库存、当日仓库库存和供应商未交付的订单。这些数据是库存控制人员每日必须更新和关注的数据。当日库存（包括车间线边库存和仓库库存）和供应商未交付的订单的更新，即在输入最新的当日库存和供应商未交付的订单的数据时，将直接启动定量订货模型的运行。定量订货模型要求库存控制人员每天监控库存，包括当日车间线边库存、当日仓库库存和供应商未交付的订单。

（3）由其他表格计算并导入模型的数据：包括日均需求量、安全库存和最低库存。

（4）本模型自动计算生成的数据：包括现有总库存、最高库存、再订货点、订货报警、订货批量、最终订货批量和要求到货时间。其中，订货报警表示要不要订货，最终订货批量表示订多少货，要求到货时间表示何时到货。这是定量订货模型对订货三个问题的回答，也是定量订货模型的最终输出。

2. 各种数据之间的逻辑关系

在定量订货模型中，除了最终的三个输出，其他所有数据均参与计算。各种数据之间的逻辑关系如下。

（1）现有总库存＝当日车间线边库存＋当日仓库库存＋供应商未交付的订单。

（2）最高库存＝安全库存＋（最低库存 ×2）。

（3）再订货点＝安全库存＋最低库存。

（4）订货批量＝最高库存－现有总库存。

（5）订货报警：当现有总库存小于再订货点时，进行订货报警。

（6）最终订货批量：（略）。

（7）要求到货时间＝当天日期＋（现有总库存－安全库存）÷日均需求量－检验入库天数。

3. 定量订货模型公式设计

现有总库存、最高库存、再订货点和订货批量是单纯的四则运算，计算公式非常简单，只要清楚逻辑关系即可设计。下面主要介绍订货报警、最终订货批量和要求到货时间的公式设计。

（1）订货报警的公式设计。订货报警用条件判断 IF 函数进行设计，计算公式如下：

订货报警＝IF（现有总库存＜再订货点，"需要订货"，""）

公式中，如果现有总库存小于再订货点，那么显示"需要订货"；否则为空，即单元格为空白。

（2）最终订货批量的公式设计。最终订货批量的计算公式如下：

$$最终订货批量 = ROUNDUP（MIN（MAX（最小起订量、最小起送量、最低库\\存、订货批量），最高库存+最低库存-现有总库存）÷最小外包装规格，0）× \\ 最小外包装规格$$

其分为以下四步计算。

① 用 MAX 函数求最小起订量、最小起送量、最低库存和订货批量这四个数的最大值。

② 用MIN 函数求该最大值与"最高库存+最低库存-现有总库存"的最小值。

③ 用该最小值除以最小外包装规格，因得出的结果可能是小数，故用 ROUNDUP 函数向上取整（如2.6箱向上取整后为3箱，2.1箱向上取整后也为3箱）。

④ 用取整后的数乘以最小外包装规格，即可得到最终订货批量。

（3）要求到货时间的公式设计。要求到货时间的计算公式如下：

$$要求到货时间 = ROUNDUP（（现有总库存-安全库存）÷日均需求量，0）- \\ 来料检验与入库上架时间（本例取1）+TODAY（）$$

其分为以下三步计算。

① 用现有总库存-安全库存后除以日均需求量，将计算出的结果向上取整，即可得到目前的库存在保留安全库存的基础上能用多少天。

② 用该天数减去来料检验与入库上架时间。

③ 用该天数加上今天的日期，即可得到要求到货时间。其中，TODAY 为计算今天日期的函数。

9.6 定量订货模型应用实例

1. 生成并提出订货需求

定量订货模型建模的第七步是生成并提出订货需求。严格来说，这一步不属于建模范畴，而属于订货模型的应用部分。之所以将其列入建模步骤，是因为完成前面六个步骤后，这一步可以自然而然地得出。

一个完整的订货需求由三部分组成，一是确定是否订货（即要不要订货），二是需要订货的数量（即订多少货），三是要求到货时间（即何时到货）。

定量订货模型运行后生成并提出订货需求，就是在回答这三个问题。

2. 定量订货模型应用实例

（1）收集数据。本例模拟收集的数据如表 9-1 所示。为便于讲述，本例只模拟了 A 物料，列出了该物料 13 周每周的实际用量。

（2）确定订货提前期。本例中，A 物料的订货提前期为 10 天。

（3）计算再订货点。本例中，A 物料的安全库存为 6 159 个，最低库存为 51 420 个（见表 9-4）。将这两个参数代入再订货点的计算公式，即再订货点 = 6 159+51 420 = 57 579（个）。

（4）计算订货批量。本例采用最高库存定量法计算订货批量。首先要计算最高库存和现有总库存。其中，最高库存 = 安全库存 +（最低库存 ×2），现有总库存 = 当日车间线边库存 + 当日仓库库存 + 供应商未交付的订单。最高库存定量法下，订货批量 = 最高库存 − 现有总库存。代入本例中的数据，即可得到订货批量为 58 999 个（见表 9-4）。

（5）确定最终订货批量。计算得出的订货批量并不是最终订货批量。确定最终订货批量的操作是：首先用 MAX 函数求最小起订量、最小起送量、最低库存和订货批量这四个数的最大值，其次用 MIN 函数求该最大值与"最高库存 + 最低库存 − 现有库存"的最小值，然后用该最小值除以最小外包装规格，最后将计算出的结果向上取整订货（见表 9-4）。

（6）定量订货模型设计。定量订货模型（见表 9-4）用到了提前沟通确定的订货提前期、最小起订量和最小起送量等数据，也用到了由其他模型计算得出的日均需求量、安全库存和最低库存等数据，还用到了即时监控的库存数据（包括当日车间线边库存、当日仓库库存和供应商未交付的订单）。根据这些数据设计相关公式，计算得出现有总库存、最高库存和订货批量等数据，并最终得出定量订货模型的输出。

（7）生成并提出订货需求。库存控制人员需要每天监控库存，将当日车间线边库存、当日仓库库存和供应商未交付的订单数据导入或录入定量订货模型。在"订货报警"列，如果显示"需要订货"字样，那么代表该物料这一天需要订购。

物料订购的数量为最终订货批量，结果约为 59 050 个（见表 9-4）。

（8）确定要求到货时间。本模型的运行结果是 2020 年 8 月 28 日，这是假定当天是 2020 年 8 月 20 日的计算结果。

3. 要求到货时间与订货提前期

很多人认为要求到货时间就是现在的日期加上订货提前期，这种理解是错误的，原因有以下两个。

（1）订货提前期并不是供应商的交货提前期。订货提前期包括来料检验和入库上架的时间，以及其他各项流转时间等。因为订货提前期大于供应商的交货提前期，所以不能直接用订货提前期进行计算。

（2）因各种不确定性，过去的实际需求可能远大于预测需求。当物料的库存破了再订货点时，可能库存已经下降了很多，这时按订货提前期交货可能来不及，有可能会导致断料或缺货，因此，库存控制人员需要调整到货时间，如要求加急到货。

另外，因为现有总库存 - 安全库存会存在负数，要求到货时间最终计算出来的结果可能会小于今天，即计算出来的是今天以前的日子，这代表有较大可能会断料或缺货，或者已经断料或缺货，这时库存控制人员必须催料。

第10章

定期订货模型与其他订货模型应用实例

定量订货法要求库存控制人员密切监控物料的库存，即时掌握库存动态，当物料的库存下降至订货点时及时提出订货需求。无论是避免断料或缺货还是有效控制库存，定量订货法都能起到很好的作用。

但是，定量订货法有两个劣势：一是由于库存控制人员需要每天监控物料的库存，因此工作量较大，作业成本较高；二是因订货时间不确定，不利于合并订货，也不利于采购计划的编制与实施。而定期订货法正好可以有效地解决这两个问题。

（1）定期订货法采取的是每隔一个固定的周期（一般为一周）检查一次物料的库存，这样可以大大减少库存控制人员的工作量，降低作业成本。

（2）由于定期订货法为一个固定的周期进行一次订货，并且是固定的时间订货，因此多种物料合并订货的需求可以实现。这样一来，既方便了采购人员与供应商的操作，也极大地支持了采购计划的编制与实施。

当然，采用定期订货法比采用定量订货法的库存总量更高，不利于整体库存的控制。另外，因为一个固定的周期才订一次货，所以断料或缺货的风险较大，这是定期订货法的劣势。

企业需要采取哪种订货模式、采用哪种订货模型，以及是定量订货还是定期订货，取决于企业侧重于解决哪方面的问题。

10.1 定期订货模型的四个参数

定期订货模型的四个参数如图 10-1 所示。

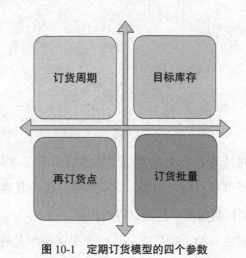

图 10-1　定期订货模型的四个参数

在这四个参数中，订货周期是事前确定的，并在一定时期内相对固定。其他三个参数（目标库存、再订货点与订货批量）由模型中各种数据计算得出。

1. 订货周期

订货周期就是订货间隔期。到目前为止，还没有一个权威的订货周期确定办法，一般根据库存控制人员的经验、企业的实际情况和企业的物料管理风格确定。

一般情况下，以周、月或季度作为订货周期的企业较多。另外，也有企业以自己的生产周期作为订货周期，或者将供应商的交货周期作为订货周期。

建议大家以周作为订货周期，即一周订一次货。具体建议如下。

（1）建议大家以周作为订货周期。每周订一次货可以有效减少库存控制人员的工作量；同时，因一周时间不算很长，对断料和整体库存控制的影响都不是很大，在综合平衡用人成本的情况下，属于企业可承受的范围。

（2）建议大家在每周二订货。之所以建议大家在每周二订货，主要有两个原因：一是经过周一的查漏补缺，前一周的数据相对齐全和准确，订货的准确率高；二是经过周一的忙乱以后，无论是内部采购人员或生产人员还是外部供应商，周二接单后处理的效率高。

2. 目标库存

目标库存是指在以定期订货模型提出订货需求后，包括这次订货需求在内的现有总库存的目标值。这里所说的现有总库存与定量订货模型中的现有总库存不同，这里指的是某物料的全部库存，包括目前已经产生的库存和即将产生的库存。定量订货模型中的现有总库存不包含即将产生的库存。为避免混淆，定期订货模型中的现有总库存以物料全部库存代替。

物料全部库存主要由以下四部分组成。

① 客户的库存。如果是外部客户，那么指客户仓库或货架的库存；如果是内部客户，那么指车间线边库存。

② 公司的库存。物料存放于公司各个仓库的总库存。

③ 供应商的库存。在途订单（供应商未交付的订单），即前期已下达订单但供应商还未交付的部分。需要注意的是，本书介绍的供应商库存均为供应商未交付的订单，而不是供应商仓库的库存。这是因为供应商未交付的订单是一种正式的合约和承诺，企业需要承担责任，而供应商仓库的库存是其为满足企业订单而单方面采取行动准备的库存。

④ 本次订货即将提出的订货需求。这是典型的即将产生的库存，指这次订了多少货。

目标库存是指包含以上四个部分在内的全部库存的目标值。

（1）目标库存的确定方法

目标库存是物料全部库存的目标值。库存的目的是满足需求，但需求预测存在风险，所以企业需要从需求和风险两个方面来考虑确定目标库存。

① 需求方面。本次提出订货需求后，需要等到一个订货周期后再提出订货需求，而一个订货周期后提出的订货需求需要再等一个订货提前期才能到货。因此，从需求方面来看，目前至少需要有一个订货周期加一个订货提前期需求的库存，即目标库存至少需要有一个订货周期加一个订货提前期需求的库存，再加上本次的订货需求。

② 风险方面。供应链需要保持一定量的安全库存，以应对不确定性带来的风险。显然，目标库存需要包含安全库存。需要说明的是，定量订货模型中的安全库存与定期订货模型中的安全库存不同，定量订货模型中的安全库存只与订货提前期相关，但在采用定期订货模型进行订货时，是一个订货周期才下一次订单，代表订货提前期被延长了一个订货周期。因此，在计算定期订货模型中的安全库存时，需要将订货提前期调整为一个订货周期加一个订货提前期。也就是说，目标库存需要的安全库存是一个订货周期加一个订货提前期为订货提前期的安全库存。

目标库存的计算公式如下：

目标库存 = 日均需求量 × 订货提前期 + 日均需求量 × 订货周期 + 安全库存

因为日均需求量 × 订货提前期 = 最低库存，所以上述公式可以简化为：

目标库存 = 最低库存 + 日均需求量 × 订货周期 + 安全库存

公式中，日均需求量取预测值；安全库存是以一个订货周期加一个订货提前期为订货提前期的安全库存。

（2）目标库存计算实例

目标库存计算实例如表 10-1 所示。

表 10-1　目标库存计算实例

物料名称	单位	订货提前期（天）	订货周期（天）	实际用量（周）													周均需求量	日用量的标准差
				第1周	第2周	第3周	第4周	第5周	第6周	第7周	第8周	第9周	第10周	第11周	第12周	第13周		
A	个	10	7	34 491	37 739	32 662	32 659	33 401	36 285	39 763	38 557	36 535	35 571	33 500	37 241	36 963		
一次指数平滑	α		0.15	34 964	34 893	35 320	34 921	34 582	34 405	34 687	35 448	35 915	36 008	35 942	35 576	35 826	35 996	837.3

① 计算最低库存。本例中，A 物料的订货提前期为 10 天，周均需求量采

用一次指数平滑法进行预测，预测值为 35 996 个，用它除以 7，即可得到日均需求量，结果约为 5 142 个。将订货提前期 10 天和日均需求量 5 142 个这两个参数代入最低库存的计算公式，即最低库存 = 10 × 5 142 = 51 420（个）。

② 计算安全库存。本例中，客户服务水平为 99%，经过 NORMSINV 函数计算或查看安全系数表，得到安全系数值为 2.326，日用量的标准差以 STDEVPA+SQRT 函数计算，结果为 837.3，将订货提前期调整为 17 天（订货提前期 10 天加上订货周期 7 天）。将这些参数代入灭绝师太算法的简化公式，即安全库存 = $2.326 \times 837.3 \times \sqrt{10+7} \approx 8\ 030$（个）。

③ 计算目标库存。将计算出来的最低库存 51 420 个、安全库存 8 030 个、日均需求量 5 142 个及订货提前期 7 天这些参数代入目标库存的计算公式，即目标库存 = 51 420+5 142 × 7+8 030 = 95 444（个）。

3. 再订货点

再订货点是订货点法的核心参数。定期订货法是订货点法，再订货点自然也是定期订货模型的核心参数。

定期订货模型中的再订货点与定量订货模型中的再订货点的不同之处在于，定期订货模型中的再订货点的确定需要考虑订货周期内的需求量，因为其一个订货周期才订一次货。

从目标库存的计算公式可以看出，目标库存的设定是，当下一个订货时间点订的货按订货提前期到货检验入库时，仓库内除了安全库存，其他库存刚好用完。

因此，定期订货模型中的再订货点的值就是目标库存的值，即定期订货模型中的再订货点的计算公式为：

再订货点 = 目标库存 = 最低库存 + 日均需求量 × 订货周期 + 安全库存

在定量订货模型中，再订货点 = 最低库存 + 安全库存。从定期订货模型中的再订货点的计算公式可以看出，定期订货模型中的再订货点比定量订货模型中的再订货点多出了订货周期内的需求量。

多出了订货周期内的需求量的主要原因是，采用定期订货时需要过一个固定的订货周期才能再下单，这代表仓库需要多备一个订货周期的库存。这也正说明了采用定期订货模型的总库存比采用定量订货模型的总库存要高、库存控制压力更大。

4. 订货批量

订货批量就是订多少货，是定期订货模型所需计算的参数之一。

物料全部库存包括客户的库存、公司的库存、供应商的库存和即将提出的订货需求，其中即将提出的订货需求是指定期订货的订货批量。

如何计算定期订货模型中的订货批量呢？除了可以按照定期订货模型中的目标库存的计算公式计算目标库存，还可以按照目标库存的定义来计算目标库存。

目标库存是指在提出订货需求后，包括这次订货需求在内的全部库存的目标值，即：

目标库存 = 客户的库存 + 公司的库存 + 供应商的库存 + 即将提出的订货需求

上述是目标库存的另一个计算公式。在该公式中，即将提出的订货需求就是定期订货模型中的订货批量。

将两个公式的目标库存相等连接并进行移项，即可得到定期订货模型中的订货批量的计算公式：

订货批量 = 目标库存 − 客户的库存 − 公司的库存 − 供应商的库存

在图 10-2 所示的订货批量计算实例中，目标库存 = 最低库存（51 420 个）+ 周均需求量（35 996 个）÷1 周（7 天）× 订货周期（7 天）+ 安全库存（8 030 个）= 95 446（个）。

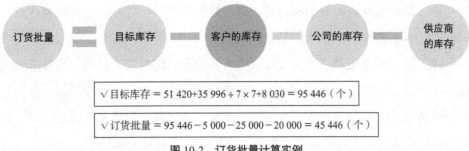

$$\checkmark 目标库存 = 51\,420 + 35\,996 \div 7 \times 7 + 8\,030 = 95\,446（个）$$

$$\checkmark 订货批量 = 95\,446 - 5\,000 - 25\,000 - 20\,000 = 45\,446（个）$$

图 10-2　订货批量计算实例

现在当天的库存情况是：客户的库存为 5 000 个，公司的库存为 25 000 个，供应商的库存为 20 000 个。将目标库存（95 466 个）、客户的库存（5 000 个）、公司的库存（25 000 个）和供应商的库存（20 000 个）这四个参数代入定期订货模型中的订货批量的计算公式，即订货批量 = 95 446 − 5 000 − 25 000 − 20 000 = 45 446（个）。

10.2 定期订货模型的建模过程

尽管定期订货模型的建模步骤和定量订货模型的建模步骤基本相同，但是为加深记忆及更连贯地理解，本节再完整地讲述一遍定期订货模型的建模过程。

1. 定期订货模型的结构

表 10-2 为用 Excel 制作的定期订货模型，模型的结构如下。

表 10-2　定期订货模型

定期订货模型							当天日期	2020 年 8 月 18 日	订货提前期（天）	10	订货周期（天）	7				
物料名称	单位	最小外包装规格	最小起订量	最小起送量	日均需求量	安全库存	最低库存	最高库存	目标库存	当日车间线边库存	当日仓库库存	供应商未交付的订单	现有总库存	订货报警	订货批量	最终订货批量	要求到货时间
A	个	50	10 000	20 000	5 142	8 030	51 420	110 876	95 446	5 000	5 000	20 000	50 000	需要订货	45 446	51 450	2020 年 8 月 26 日

（1）已知数据：包括物料名称、单位、最小外包装规格、订货提前期、订

119

货周期、最小起订量和最小起送量。这些数据是事前与各方沟通或谈判达成共识，并已确定的数据，可以直接用于计算。

（2）需要从其他表格导入或直接填入的数据：包括当天日期、当日车间线边库存、当日仓库库存和供应商未交付的订单。这些数据是库存控制人员每日必须更新和关注的数据。在订货当天，更新当日库存（包括车间线边库存、仓库库存和供应商未交付的订单）数据，将直接启动定期订货模型的运行。

（3）由其他表格计算并导入模型的数据：包括日均需求量、安全库存和最低库存。

（4）本模型自动计算生成的数据：包括最高库存、目标库存、现有总库存、订货报警、订货批量、最终订货批量和要求到货时间。其中，订货报警表示要不要订货，最终订货批量表示订多少货，要求到货时间表示何时到货。这是定期订货模型对订货三个问题的回答，也是定期订货模型的最终输出。

2. 定期订货模型的建模步骤

定期订货模型的建模步骤如下。

（1）收集数据。这里采用定量订货模型建模时用到的原始数据。

（2）确定订货提前期和订货周期，计算最低库存和安全库存。本例中，A物料的订货提前期为 10 天，订货周期为 7 天。定期订货模型中的最低库存的计算与定量订货模型中的最低库存的计算方法相同，结果为 51 420 个。在安全库存的计算中，订货提前期为 17 天（订货提前期 10 天 + 订货周期 7 天），按表 10-1 中的数据计算安全库存，结果约为 8 030 个。

（3）计算目标库存（确定再订货点）。定期订货法的目标库存等于再订货点，按表 10-1 中的数据计算目标库存，即目标库存 = 最低库存（51 420 个）+ 日均需求量（5 142 个）× 订货周期（7 天）+ 安全库存（8 030 个）= 95 444（个）。

（4）计算订货批量。本例中，目标库存为 95 444 个，当日车间线边库存为 5 000 个，当日仓库库存为 25 000 个，供应商未交付的订单为 20 000 个。将这四个参数代入订货批量的计算公式，即订货批量＝目标库存（95 444 个）−当日车间线边库存（5 000 个）−当日仓库库存（25 000 个）−供应商未交付的订单（20 000 个）＝45 444（个）。

（5）计算最终订货批量。定期订货模型中的最终订货批量的计算与定量订货模型中的最终订货批量的计算方法相同，可直接参考定量订货模型的相关章节，这里不再赘述。本例中，订货批量为45 444个，其小于最低库存51 420个，最终订货批量采用最低库存51 420个，将51 420个向上取整，本例最终订货批量为 51 450 个。

（6）设计订货报警及计算要求到货时间。定期订货模型中的订货报警的设计与要求到货时间的计算也与定量订货模型中的订货报警的设计与要求到货时间的计算相同，这里不再赘述。

（7）模型运行。定期订货模型经以上六个步骤已完成建模。到固定的订货周期（本例设定为每周二，本周二假定为 2020 年 8 月 18 日），库存控制人员需要监控当日库存，在模型中输入当天日期、当日车间线边库存、当日仓库库存和供应商未交付的订单，模型会自动运算得出结果。

本例中，A 物料的现有总库存为 50 000 个，其小于再订货点 95 444 个，触发订货报警，最终订货批量为 51 450 个，要求到货时间的计算结果为 2020 年 8 月 26 日。也就是说，经过模型运算，在该订货期间，A 物料需要发出订货需求，要求订货 51 450 个，并要求 2020 年 8 月 26 日到货。

3. 定量订货模型与定期订货模型中的"定"都是相对的"定"

不管是定量订货模型还是定期订货模型，它们中的"定"都是相对的"定"。

在 VUCA 时代，整个供应链中充斥着不确定性，需求与供应两端都在快速变化，这时不可能也不应该有完全确定的"定"。库存控制人员需要根据实际情况及时调整和更新模型数据，也就是更新以前确定的"定"。

建议大家采取滚动的方式更新模型数据。在库存控制实践中，需要更新的数据如下。

（1）需求预测数据。滚动截取 13 周数据，同时结合销售动向，每周做出一次预测，每次预测未来四周的需求量，即以每周为频次滚动更新未来一个月的需求预测数据。

（2）安全库存数据。滚动截取 13 周数据，根据每周滚动变化的需求预测值和其他相关因素，每周更新一次安全库存数据。

除了需要更新需求预测和安全库存的数据，订货模型中的订货提前期、最小起订量及最小起送量等数据也需要及时更新。

10.3 双箱系统订货模型

在库存控制实践中，除了采用定量订货法和定期订货法进行订货，还可以采用双箱系统订货法进行订货。双箱系统订货法是除了定量订货法和定期订货法之外用得最多的一种订货方法。

1. 双箱系统订货法概述

双箱系统订货法是使用两个料箱转运物料的一种简单的定量订货法。

双箱系统订货法本质上是一种定量订货法，是定量订货法的一种简化形式。双箱系统订货法的称谓很多，如双料箱系统订货法、双桶法、双堆法、双库存法、复仓法和双箱存货系统订货法等。

双箱的"箱"是指装物料的容器，可以泛指存放物料的区域和空间，如箱、桶、卡托、货架、库位和库区等。

双箱系统订货法的核心思路是将库存分为两部分，在第一部分没有用完之前另一部分保持不动，当第一部分用完时立即提请订货，订货批量为已经用完的那一部分的量。

2. 双箱系统订货法的操作流程

在库存控制实践中，双箱系统订货法的操作流程如下。

（1）根据物料的耗用预测及企业的实际情况确定两个料箱的容量大小，即确定每个料箱存放多少物料。

（2）初次采购，需要将两个料箱装满。

（3）物料日常耗用时，只使用第一个料箱内的物料。当第一个料箱内的物料用完时，立即发出物料订货需求，订货批量为第一个料箱的满箱容量。

（4）在物料订货提前期内，使用第二个料箱内的物料。

（5）当订购的物料到货后，把第一个料箱装满，这时继续使用第二个料箱内的物料。

（6）当第二个料箱内的物料用完时，立即发出物料订货需求，订货批量为第二个料箱的满箱容量。

从上述流程可以看出，双箱系统订货法有利于实现物料的先进先出。

3. 双箱系统订货法的再订货点

双箱系统订货法是使用两个料箱转运物料的一种简单的定量订货法。如何确定双箱系统订货法的再订货点呢？

按双箱系统订货法的要求，当第一个料箱内的物料用完时需要立即发出订货需求，第一个料箱内的物料刚用完时第二个料箱还是满的，这时提请订货代表提请订货时还有一个满箱的库存。也就是说，在两个料箱容量相同的情况下，这一满箱的库存就是双箱系统订货法的再订货点，其所装的物料数量就是再订货点的数量，或者说，每个料箱的容量就等于再订货点。

每个料箱的容量设置为多大呢？在回答这个问题前，需要先考虑两个因素：一是每个料箱的容量不能少于订货提前期内的需求量，否则那一个空箱的物料还没有采购到位便会断料；二是因为两个料箱的容量大小是固定的，为应对需求的不确定性，每个料箱需要增加安全库存。

基于以上两个因素，建议每个料箱的容量不小于最低库存和安全库存之和。最低库存和安全库存之和就是定量订货法的再订货点，这也说明双箱系统订货法也是定量订货法。

按定量订货法的要求，在确定了再订货点后，库存控制人员需要密切监控物料的库存，当物料的库存下降到再订货点或再订货点以下时，按事前确定的订货批量发出订货需求。双箱系统订货法也是按照这个思路，只不过采用双箱系统订货法，库存控制人员只需要监控两个料箱，一箱中的物料用完即代表破了再订货点，需要立即订货。

4. 双箱系统订货法的订货批量

物料的库存破了再订货点后，库存控制人员需要按事前确定的订货批量发出订货需求。在双箱系统订货法中，直接以一个料箱的满箱容量为订货批量，原因如下。

（1）以满箱容量订货简单直接，易于操作和控制，也方便各方作业。

（2）两个料箱的最佳容量都是最低库存和安全库存之和，如果不满箱订货，会增加缺货风险。

（3）在正常情况下，当订购的物料检验入库时，要确保有地方存放这些物料。双箱系统订货法是在一个料箱内的物料用完后立即发出订货需求，这时可能会出现造成库存最大的一种情况，即在发出订货需求后，该物料需求突然停止，即该物料不再耗用。当出现这种情况时，如果订货批量大于一个料箱的满箱容量，那么这次订购的物料到货检验入库后将无处存放。因此，双箱系统订货法的订货批量只能是一个料箱的满箱容量。

5. 双箱系统订货模型设计

下面用定量订货模型应用实例中的数据（见表 10-3）来设计双箱系统订货模型。

（1）确定料箱的容量。在双箱系统订货法中，一个料箱的满箱容量就是再订货点，即料箱的容量＝再订货点＝最低库存（51 420 个）＋安全库存（6 159 个）＝ 57 579（个）

按最小外包装规格 50 个，确定料箱的容量为 57 600 个。

表 10-3　双箱系统订货模型料箱的容量

物料名称	单位	订货提前期（天）	A 物料的实际用量（周）													平均值	周均需求量	日用量的标准差
			第1周	第2周	第3周	第4周	第5周	第6周	第7周	第8周	第9周	第10周	第11周	第12周	第13周			
A	个	10	34 491	37 739	32 662	32 659	33 401	36 285	39 763	38 557	36 535	35 571	33 500	37 241	36 963	35 797		
一次指数平滑	$\alpha = 0.15$		34 964	34 893	35 320	34 921	34 582	34 405	34 687	35 448	35 915	36 008	35 942	35 576	35 8256	35 996	35 996	837.3

最低库存 ＝ 日均需求量 × 订货提前期 ＝ 35 996 ÷ 7 × 10 ≈ 51 420（个）

有货率为 99%　　$z = 2.326$

安全库存 ＝ $z\sigma_d\sqrt{L}$ ＝ 2.326 × 837.3 × $\sqrt{10}$ ≈ 6 159（个）

料箱的容量 ＝ 再订货点 ＝ 最低库存 ＋ 安全库存 ＝ 51 420＋6 159 ＝ 57 579（个）

（2）制作订货模型。库存控制人员要监控两个料箱内物料的库存，当一个料箱内的物料耗用完时提出订货需求。

双箱系统订货模型如表 10-4 所示。表中的物料名称、单位、最小外包装规格和订货提前期为已知数据，料箱的容量为 57 600 个。如果在 2020 年 8 月 20 日发现料箱中的物料用完，那么在模型中"料箱内物料是否耗用完"中选择"是"，"订货报警"栏显示"需要订货"字样，订货批量为 57 600 个，要求到货时间为 2020 年 8 月 30 日。

表 10-4　双箱系统订货模型

双向系统订货模型			订货提前期（天）	10	当天日期	2020 年 8 月 20 日
物料名称	单位	最小外包装规格	料箱的容量	料箱内物料是否耗用完	订货报警	订货批量	要求到货时间
A	个	50	57 600	是	需要订货	57 600	2020 年 8 月 30 日

在双箱系统订货模型中，订货报警表示要不要订货，订货批量表示订多少货，要求到货时间表示何时到货。这是双箱订货系统模型对订货三个问题的回答，也是双箱系统订货模型的最终输出。

10.4 其他四种订货方法

在库存控制实践中，除了有定量订货法、定期订货法和双箱系统订货法，还有其他四种订货方法，分别是按需订货法、补充库存订货法、高低限额订货法和滚动订货法。

1. 按需订货法

按需订货法，也称因需定量法或零库存订货法，是指按照需求进行订货。其具体做法如下。

（1）不做库存或固定保留一定量的库存。不做库存就是零库存，这正是该方法被称为零库存订货法的原因。

（2）完全按需求订货，有需求，就订货；没有需求，就不订货。这里所说的需求是指实际需求，即已明确的需求。

按需订货法因为不做库存或固定保留一定量的库存，所以比其他订货方法更能有效地降低库存总量，并且能更有效地控制库存。但是，按需订货法因为当需求实际产生时才开始订货，所以对客户的响应速度非常慢，客户服务水平不高。

按需订货法一般适用于按单生产模式下的订货。

2. 补充库存订货法

补充库存订货法，也称逐个补充订货法。其基本思路是：保持一个稍高的固定库存，然后库存消耗多少就订多少货，库存没有消耗就不订货。

补充库存订货法看起来操作简单，但当物料使用频率较高时，库存控制人员的工作量就会非常大，并且十分耗费时间，也会让供应商疲于应付。

因此，补充库存订货法适用于使用量少、采购量小的物料，如大型备件。

3. 高低限额订货法

高低限额订货法和双箱系统订货法一样，也是定量订货法。其基本思路如下。

（1）设定库存的上下限，即高低限额。

（2）库存控制人员需要监控物料的库存，当物料的库存下降到下限时，触发订货报警，发出订货需求。这个下限就是高低限额订货法的再订货点。

（3）订货批量的计算方法为：以设定的库存上限减去物料总库存（客户的库存 + 公司的库存 + 供应商的库存），即经过订货，将库存补充到设定的库存上限。

4. 滚动订货法

滚动订货法是循环滚动预测的延伸。其核心思路是订货和要货分开，以每月滚动的方式订货，以实际需求要货。

滚动订货法的具体操作方法如下。

（1）依据滚动的需求预测数据，每个月提出未来连续数个月的订货需求。

（2）采购方对下个月的订货需求承担责任，下个月之后的订货需求给供应商做产能和物料储备提供参考。

（3）采购方以实际需求要货，这样可以大幅度降低企业的实际库存。

滚动订货法适用于订货提前期长的物料。

10.5 数据模型与管理流程

1. 管理流程案例

笔者的一位朋友从生产现场管理转行做供应链计划。有一次，他和笔者在谈到之前他做生产现场管理时，经常能主导制定或梳理一些管理流程。当看到这些由他主导制定或梳理的管理流程被逐条执行时，他特别有成就感。

笔者问他："现在转行做供应链计划，你就没有这种感觉了吗？"

他回答说："我确实没有这种感觉了。"

他解释说："供应链计划当然有管理流程，但这些管理流程涉及的部门非常多，涉及的规则也特别多。正因如此，往往管理流程不是计划一个部门所能建立的，更不是一个供应链计划就能主导的。"

他接着说："事实上，公司的供应链计划流程早已正常运行，我根本没有主导制定或梳理管理流程的机会。"

笔者觉得他片面地理解了管理流程。他所说的其实是供应链计划的管理流程，他不能主导制定或梳理的也是供应链计划的管理流程。在供应链管理中，除了管理流程，还有一些供应链自身的流程，计划人员完全可以主导甚至自主制定。

比如说，供应链管理中有一项核心工作即数据建模。供应链管理中的数据建模就是制作数据模型，相关人员按照模型运行的结果进行作业。这正是管理流程的作用和特点。

数据模型其实就是管理中的流程，进行数据建模的过程就是制定管理流程的过程。

他如果能主导建立供应链计划的相关数据模型，在看到自己建立的数据模型有条不紊地运行，并且结果很好时，相信他也会特别有成就感。

2. 数据模型和管理流程的目的与作用

（1）数据模型和管理流程都是为企业的管理总目标服务。反过来说，正是因为企业的管理目标的要求，才需要建立数据模型和制定管理流程。

（2）数据模型和管理流程都是为了解决问题。数据模型和管理流程都是特定的一个个数据模型和一个个流程。特定的数据模型和特定的管理流程都是为了解决特定的问题，如订货模型解决订货问题、来料验收流程解决来料验收问题。

（3）数据模型与管理流程的建立和制定都是负责该项工作的人员的主要任务及价值体现。建立数据模型是供应链管理及数据分析人员的主要任务和价值体现，制定流程是流程管理部门管理人员的主要任务和价值体现。

（4）数据模型与管理流程都能体现企业的管理水平。数据模型建立得好，企业的供应链管理及数据分析水平就会很高；同样，管理流程制定得好，企业的管理水平就会更高。

3. 数据模型和管理流程的管理模式与管理对象

（1）数据模型管理的是数据和信息，流程管理的是人和事。通俗地说，数据模型建立完成后是数据在数据模型里运行，管理流程制定完成后是由人去执行，两者的管理模式及管理逻辑类似。

（2）数据模型和管理流程都是将重复性的工作机械化操作，都能够降低工作难度、减少工作差错和大幅度提升工作效率。从管理的角度来说，数据模型和管理流程都是采用事前管理的方法，以建立固定的算法或管理规定来应对未来的工作和可能出现的问题。

（3）数据模型和管理流程面对的都是常规性、重复性的工作，异常情况不适合用数据模型或管理流程进行管理。例如，如果发生特殊情况或紧急事项，需要相关人员根据实际情况灵活应对，管理者不能试图用一个固定模型或一个已有流程来解决。

4. 数据模型和管理流程的过程管理方法

（1）数据模型和管理流程都不是一成不变的，都需要动态地管理。数据模型需要根据实际需求不断优化和升级，管理流程需要根据实际情况不断调整和更新。

（2）数据模型和管理流程都需要过程跟踪与过程结果评价，根据跟踪的实际情况进行修正与调整；进行奖优惩劣，以便后续更好的管理；根据过程的反馈与汇报，以便及时修正与纠偏。

（3）培训对数据模型与管理流程都很重要。不管是数据模型的运行还是管理流程的执行，都要注重培训。一般情况下，这类培训可以分为三部分：一是对负责建立数据模型或制定管理流程的人员的培训；二是对使用模型或执行流程的人员的培训；三是对使用模型运行结果的人员或对流程结果负责的人员的培训。

（4）数据模型和管理流程都需要持之以恒地坚持。数据模型的准确运行离不开按时、按要求不间断、完整地录入数据，如果数据不齐全或有缺失，数据模型就得不到准确的结果；同样，如果不能坚持执行管理流程，流程很快就会成为一种摆设。

5. 数据模型就是管理流程

我们可以将数据模型看作一种管理流程，而管理流程本身就是一个数据模型。

建立数据模型的过程相当于制定管理流程的过程。管理人员需要具备一定的管理流程制定能力，而数据模型建立能力则是供应链计划和库存控制人员应具备的核心能力。

第 11 章

缺货管理

库存控制有四大核心指标，分别是及时交付率、库存周转率、呆滞比率和部门费率。在这四大核心指标中，及时交付率是其他三个指标的基础和前提，是库存控制甚至是供应链管理的第一个指标。可以这样说，如果及时交付率做不好，那么库存周转率、呆滞比率和部门费率三个指标做得再出色，库存控制或供应链管理也是不合格的，或者至少是不到位的。

库存控制实战模型是实现及时交付率这一指标的有效工具。但是，在库存控制实践中，因供应链不可能准备所有的安全库存，在模型实际运行时，会不可避免地出现影响及时交付的现象，也就是出现缺货现象。

缺货管理是订货必须面对的问题，也是库存控制的工作内容之一。

在企业管理中，管理者都知道并且认可事前管理优于事后管理。同样，在缺货管理中，事前的缺货预警也优于事后的催货与各种补救。事前的缺货预警解决的是"防火"问题，本质上是一种计划。从这个角度来说，缺货管理的核心是缺货预警。

缺货预警是库存控制实战模型中需要特别强调的预警。预警方法有多梯次循环缺货预警、物料缺货分级预警和低位盘点缺货预警等。

11.1 全面预警：多梯次循环缺货预警

本节是以生产周期短的制造型企业生产所需物料为例来分析缺货预警的。

多梯次循环缺货预警是一种较全面的缺货预警方法。根据缺货的严重性和紧急程度，可以将多梯次循环缺货预警分为六个梯次，从松到紧，一步一步地进行缺货预警，以提醒和解决缺货问题。这六个梯次的预警以不同的警示颜色区分，分别是绿色预警、蓝色预警、黄色预警、橙色预警、红色预警和黑色预警。

1. 第一梯次预警：绿色预警，破再订货点预警

按照订货逻辑，当物料的库存破再订货点时，不管是采用定量订货法还是采用定期订货法，都需要发出对该物料的订货需求。这说明当物料的库存破再订货点时，如果不采取任何行动，就会有缺货风险，所以需要进行缺货预警。

这是多梯次循环缺货预警的第一梯次预警，也称绿色预警。绿色预警是正常、合理的预警。

绿色预警是最早的预警，将绿色预警再往前置，即物料的库存在破再订货点之前就进行预警完全没有必要，主要原因有三个：一是将预警条件放宽，真正预警的难度较大；二是预警再往前置，预警的物料将会增加，使预警作用减弱；三是预警前置，势必会增加库存数量，从而增加库存控制的难度。

绿色预警后（物料的库存破再订货点后），库存控制人员需要采取的行动是订货，即补充库存，避免未来缺货。

2. 第二梯次预警：蓝色预警，破最低库存预警

最低库存是一种周转库存，是为了满足客户的需求而设定的最低的库存，是必须保证的库存。当物料的库存低于最低库存时，库存控制人员需要进行缺

货预警。

这是多梯次循环缺货预警的第二梯次预警，也称蓝色预警。

因为从物料的库存低于最低库存到最终缺货还有很长一段的缓冲时间和争取时间，所以蓝色预警的级别不是很高。

当出现蓝色预警时，库存控制人员需要采取的行动主要有以下两个。

（1）与供应商再次确认未交付的订单的进度，分析该进度是否有异常，并依据分析结果采取相应的措施。

（2）与供应商重新确认到货时间。

3. 第三梯次预警：黄色预警，周生产计划缺货预警

制造型企业一般以周为单位进行生产计划排程。当生产计划人员制订下周的生产计划时，库存控制人员需要据此生成下周的物料需求，然后根据物料需求与本周未完成的生产计划确认现有库存能否满足下周的生产需求。

如果现有库存不足以支撑完成下周的生产计划，那么代表下周会出现缺货，需要进行缺货预警。

这是多梯次循环缺货预警的第三梯次预警，也称黄色预警。

周生产计划缺货表示原有的生产计划无法执行，生产计划将被迫变更。这样一来，除了会增加制造成本、给生产操作带来被动，还将严重影响订单交付，降低客户服务水平，从而影响企业的业绩和声誉，所以这一梯次预警较为紧急和重要。

黄色预警后，库存控制人员需要根据以下两种情况采取相应的行动。

（1）如果供应商能按照采购订单及到货计划在规定的时间到货，并且物料检验入库在生产计划执行前，那么这种缺货不会影响生产计划的执行。这时，库存控制人员只需要继续监控物料的库存。

（2）如果因各种原因物料无法在生产计划执行之前到货，这时库存控制人员需要第一时间联系采购人员或供应商，让供应商重新承诺物料确切的到货时间。然后，将供应商重新承诺的到货时间反馈给生产计划人员，生产计划人员

据此调整生产计划，如延后生产或取消原生产计划等。

4. 第四梯次预警：橙色预警，未按时到货预警

按照订货模型进行订货时，主要考虑了企业的需求和物料的订货提前期，尽管也考虑了包括订货提前期在内的各种因素，但订货的逻辑总的来说还是默认供应商能够按时到货。当供应商不能按时到货时，就存在缺货风险。因此，当供应商未按时到货时，需要进行缺货预警。

这是多梯次循环缺货预警的第四梯次预警，也称橙色预警。

这一梯次预警其实是采购到货跟踪，即库存控制人员提出订货需求，采购人员向供应商下达采购订单后，库存控制人员需要跟踪、确认供应商能否按照约定的交期和数量到货，当供应商未按时到货时，就需要进行缺货预警。

如果供应商不能按时到货，那么会给企业造成三种后果：一是可能会缺货；二是需要增加安全库存的数量，使整体库存控制难度增加；三是打乱既定的各种计划，增加额外费用和沟通成本。

从以上三种后果可以看出，供应商未按时到货对企业的影响很大，会给企业甚至整个供应链带来很大的影响。相较于前三个梯次预警，橙色预警更加严重。

橙色预警后，库存控制人员需要采取的行动主要有三个；一是第一时间向生产计划人员、销售人员与采购人员反馈供应商未按时到货的信息；二是要求采购人员和供应商做出解释，并想办法解决问题，同时要求供应商重新承诺到货时间；三是将供应商未按时到货的情况如实记录下来，作为日后考核供应商的依据。

5. 第五梯次预警：红色预警，日生产计划缺货预警

在制造型企业中，除了有周生产计划，还有日生产计划。采用日生产计划进行生产的企业，一般是提前一天下达次日的生产计划。当生产计划人员制订

次日的生产计划时，需要确认次日的生产计划的物料需求，如果现有库存不足以支撑完成次日的生产计划，需要通知库存控制人员进行缺货预警。

这是多梯次循环缺货预警的第五梯次预警，也称红色预警。

制订次日的生产计划时发现缺货，代表次日很有可能会缺货，并且情况已经非常严重。

制订次日的生产计划时发现次日可能会缺货主要有两种情况：一是供应商可以在次日生产开始前到货，并完成检验入库；二是供应商确定次日到不了货，或者企业的相关人员根据供应商的往常表现判断其次日到不了货。

当出现红色预警时，库存控制人员首先要判定属于以下哪一种情况，然后将结果第一时间告知生产计划人员。

（1）第一种情况，供应商可以在次日生产开始前到货

在这种情况下，尽管企业的相关人员得到的供应商的答复是可以在次日生产开始前到货，但承诺时间离生产开始的时间已经很短，期间存在若干不确定性，仍然会有较高的缺货风险。在这种情况下，是继续等待物料还是延后或取消生产计划，库存控制人员与生产计划人员需要根据客户的情况和供应商综合评价情况确定，并且带着建议向管理者请示或按事前形成的规则执行。

（2）第二种情况，供应商确定次日到不了货

在这种情况下，生产计划人员需要及时调整生产计划，对生产计划不能如期进行带来的若干后果进行梳理与评估，然后将情况逐一告知相关部门和对接人，并加以解释，重新回复和承诺生产计划调整后原生产任务的完成时间。

不管出现上述哪一种情况，采购人员都必须要求供应商再次承诺具体的到货时间。如果到货时间不可接受，库存控制人员需要与采购人员沟通取消或延后采购订单。同样，库存控制人员需要将供应商未按时到货情况如实记录下来，作为日后考核供应商的依据。

另外，当出现红色预警但生产计划不可变更时，供应链需要多方采取行动，共同想办法并采取补救措施，如使用替代物料、车间配合生产计划调整生产顺序、物料班组领完其他物料并做好等待物料的领料准备、来料检验设置绿色通道等。当然，企业最好有应急预案（如使用替代物料、部分更改生产计划、直

接跳至下一个生产计划等）或缺货管理流程，这样可以避免真正缺货时出现停工待料或生产混乱。

6. 第六梯次预警：黑色预警，生产当日缺货时预警

生产当日缺货是指在做好了前五个梯次预警的基础上，供应商承诺在生产当日到货，但是因各种原因不能按时到货，造成最终缺货的情形。在这种情形下，库存控制人员必须进行缺货预警。

这是多梯次循环缺货预警的第六梯次预警，其实这不是预警，实际是确定缺货后的应对和补救措施。因为已经缺货，供应链只能被动应对，所以生产当日缺货时预警是最严重的一级。

生产当日缺货时，库存控制人员需要进行黑色预警。当出现黑色预警时，如果以前的应急预案不起作用，那么库存控制人员需要采取的行动主要有以下三个。

（1）及时将缺货信息告知相关部门（如销售部、客服部和物流部等），由它们告知客户。

（2）通知生产计划人员调整生产计划，并通知生产车间、现场品控及仓库等部门，避免生产临时换线带来其他各部门忙乱。

（3）根据实际需求，联系采购人员或供应商协商确定应到未到的物料的处理方式。

7. 循环缺货预警

在实际工作中，每一种物料都有从入库、耗用、订货、再入库、再耗用、再订货持续循环的过程。在循环的过程中，为了保障物料的正常耗用，同时为了避免缺货或应对缺货，库存控制人员需要进行循环缺货预警。

循环缺货预警是指由梯次内循环和梯次外循环组成的多梯次循环缺货预警。

（1）梯次内循环。梯次内循环是由多梯次循环缺货预警的六个梯次组成的

内部循环。梯次内循环的起点和终点都是绿色预警。在循环的过程中，库存控制人员需要持续监控库存，根据预警级别与预警情况采取相应的措施和方法。

① 当物料的库存破再订货点时进行绿色预警。库存控制人员启动物料订购计划，下达物料采购订单。

② 当物料的库存低于最低库存时进行蓝色预警。库存控制人员需要与供应商确认未交付的订单的进度，并与供应商重新确认到货时间。

③ 当现有库存不足以支撑完成下周的生产计划时进行黄色预警。库存控制人员需要比较物料到货时间与生产排程时间的先后顺序，如果供应商能够在生产计划执行前到货，继续监控库存；如果供应商在生产计划执行前到不了货，要求供应商重新承诺到货时间，并通知生产计划人员调整生产计划。

④ 当供应商未按时到货时进行橙色预警。库存控制人员需要第一时间向各方反馈供应商未按时到货的信息，同时要求供应商重新承诺到货时间，并将供应商未按时到货的情况做好记录，作为日后考核供应商的依据。

⑤ 当现有库存不足以支撑完成次日的生产计划时进行红色预警。库存控制人员需要通知生产计划人员根据次日可能到货情况变更或不变更生产计划，同时要求供应商再次承诺具体的到货时间，并将供应商未按时到货的情况做好记录，作为日后考核供应商的依据。

⑥ 当供应商承诺生产当日到货但实际未能到货时进行黑色预警。黑色预警提醒的其实是事后的补救，库存控制人员需要做好前面所说的三项工作。

在库存控制实践中，库存控制人员要密切监控物料的库存，在提出订货需求后，只要物料没有检验入库，中间都可能会出现缺货，都可能会经历绿色预警、蓝色预警、黄色预警、橙色预警、红色预警甚至黑色预警。当订购的物料检验入库时，这一阶段的梯次内循环就到了闭环节点。

到了梯次内循环的闭环节点后，因为库存已补充，所以这一阶段的预警解除，回到循环起点，即绿色预警前的库存监控阶段。这时就完成了一轮梯次内循环。

需要说明的是，梯次内循环的闭环节点是物料检验入库。梯次内循环的闭环节点不是固定的，即梯次内循环并不一定都得经历六个预警阶段，可能处于第四梯次阶段就会回到循环起点。但不管处于哪一个阶段，物料检验入库后，都会回到第一梯次阶段之前，从第一梯次阶段开始，继续监控再订货点。

（2）梯次外循环。物料检验入库，警报解除，完成一轮梯次内循环后，需要回到绿色预警阶段，进入下一轮梯次内循环。这些由一个个梯次内循环组成的多个循环就是循环缺货预警的梯次外循环。

梯次外循环是一个持续的过程，也是一个需要长期坚持的过程。

另外，进行多梯次循环缺货预警是一个看得见回报、回报可期的过程。多梯次循环缺货预警能够让供应链提前应对和避免缺货，为供应链的及时交付提供切实的帮助和支持，从而给供应链带来丰厚的回报。

11.2 多梯次循环缺货预警模型与应用实例

根据多梯次循环缺货预警的思路，供应链可以进行缺货预警及缺货管理。在实际工作中，实现多梯次循环缺货预警的工具是多梯次循环缺货预警模型，通过模型来进行缺货预警，从而实现对缺货的管理。

1. 多梯次循环缺货预警模型的两种建模工具

多梯次循环缺货预警模型的两种建模工具如下。

（1）信息系统。如果企业现有的或准备上线的信息系统支持多梯次循环缺货预警模型操作，那么可以由信息系统建模并完成预警工作。

当然，再先进的信息系统也无法凭空完成建模工作。多梯次循环缺货预警模型采用信息系统建模，需要库存控制人员在系统的设计阶段提出明确的多梯次循环缺货预警需求。

（2）Excel。信息系统能够解决很多问题，但它不能完全代替 Excel 的作用。

对于多梯次循环缺货预警模型，建议大家使用 Excel 进行建模。

2. 多梯次循环缺货预警模型应用实例与说明

表 11-2 为使用定量订货模型的数据（见表 11-1）制作的多梯次循环缺货预警模型。

表 11-1　定量订货模型的数据

物料名称	单位	订货提前期（天）	实际用量（周）													周均需求量	日需求预测值
			第1周	第2周	第3周	第4周	第5周	第6周	第7周	第8周	第9周	第10周	第11周	第12周	第13周		
A	个	10	34 491	37 739	32 662	32 659	33 401	36 285	39 763	38 557	36 535	35 571	33 500	37 241	36 963		
一次指数平滑	α=0.15		34 964	34 893	35 320	34 921	34 582	34 405	34 687	35 448	35 915	36 008	35 942	35 576	35 8256	35 996	5 142

表 11-2　多梯次循环缺货预警模型

物料名称	单位	最小外包装规格	订货提前期（天）	当日车间线边库存	当日仓库库存	公司总库存	日均需求量	安全库存	最低库存	再订货点	周生产计划需求	日生产计划需求	能否按时到货	能否按承诺的时间到货	绿色预警	蓝色预警	黄色预警	橙色预警	红色预警	黑色预警
A	个	50	10	5 000	25 000	30 000	5 142	6 159	51 420	57 579	4 000	1 000	否	是	报警，需要订货	报警，与供应商确认到货时间	—	报警，与供应商重新承诺到货时间	—	—
A	个	50	10	—	800	800	5 142	6 159	51 420	57 579	4 000	1 000	否	是	报警，需要订货	报警，与供应商确认能否按时到货	报警，与供应商确认能否按时到货	报警，与供应商确认能否按承诺的时间到货	—	报警，各方采取紧急补救措施

（1）计算日均需求量。本例采用一次指数平滑法预测 A 物料 13 周每周的需求量为 35 996 个，用它除以 7，即可得到日均需求量，结果约为 5 142 个。

（2）计算安全库存、最低库存和再订货点。本例中，安全库存为 6 159 个，最低库存为 51 420 个，再订货点为 57 579 个。

（3）进行绿色预警和蓝色预警。有了再订货点和最低库存的数据，即可进行绿色预警、蓝色预警的设计。库存控制人员需要随时监控物料的库存，输入真实的当日车间线边库存和当日仓库库存的数据。以当日的库存数据与再订货点进行比较，如果当日物料的库存破了再订货点，那么进行绿色预警；与最低库存比较，如果当日物料的库存低于最低库存，那么进行蓝色预警。模型中的公式设计思路如下：绿色预警，用 IF 函数判断公司总库存是否小于再订货点，如果小于再订货点就立即进行预警，提醒库存控制人员需要订货；蓝色预警，用 IF 函数判断公司总库存是否小于最低库存，如果小于最低库存就立即进行预警，提醒库存控制人员与供应商确认到货时间。

（4）进行黄色预警和红色预警。对排出的生产计划的物料需求进行分解，计算得出各种物料的明细需求，并对这些需求进行汇总，分周和日进行列示。库存控制人员需要监控公司总库存，用 IF 函数判断库存能否满足生产计划的需求。本例中，假设次日需要用 1 000 个，本周需要用 4 000 个，即日生产计划需求为 1 000 个，周生产计划需求为 4 000 个。公司总库存为 30 000 个时，模型没有进行预警；如果库存持续消耗，当公司总库存下降到 4 000 个以下时，模型进行黄色预警，提醒库存控制人员与供应商确认能否按时到货；当公司总库存下降到 1 000 个以下时，模型进行红色预警，提醒库存控制人员与供应商确认能否按承诺的时间到货。

（5）进行橙色预警。橙色预警实际是订货到货跟踪，当出现绿色报警时，库存控制人员进行了订货。订货后，库存控制人员需要跟踪这次订货的到货情况，如果根据实际情况预估供应商不能按时到货，那么库存控制人员需要将供应商不能按时到货的信息输入多梯次循环缺货预警模型，并进行橙色预警。本例中，假定 A 物料要求供应商于 2020 年 8 月 28 日到货。假设到了 2020 年 8 月 26 日，库存控制人员根据各方信息判断供应商无法将 A 物料送到，那么模型进行橙色预警，提醒库存控制人员及时向各方反馈供应商未按时到货的信息，并要求供应商重新承诺到货时间。

（6）进行黑色预警。供应商承诺生产当日到货，但因各种原因不能按时到货，模型进行黑色预警，提醒库存控制人员乃至整个供应链采取紧急补救措施。

11.3 物料缺货分级预警

多梯次循环缺货预警是一种较全面的物料缺货管理方法，但其操作起来复杂，对库存控制人员的能力也有一定的要求。在实际工作中，受各方面条件的限制，不是所有的企业都能够进行全面的多梯次循环缺货预警。

为简化操作，降低缺货管理门槛，本书给出两种操作简便的物料缺货预警方法：以物料分类为思路的物料缺货分级预警和以低位清盘为思路的低位盘点缺货预警。

当无法使用多梯次循环缺货预警时，企业可以根据自身的实际情况选择使用物料缺货分级预警或低位盘点缺货预警。

11.4 物料缺货分级预警

在缺货管理和物料缺货预警实践中，不能一刀切，需要根据物料的类别采取不同的管理策略和管理方法，以更好地满足客户的需求，更好地管理缺货，更好地控制库存。

建议大家采用物料分类思路，根据物料缺货可能性的大小对物料进行分类和分级。本书提出了一个简便的分两级进行物料缺货预警方法，将其命名为物料缺货分级预警法。

1. 物料缺货分级预警的基本思路

根据物料缺货可能性的大小对物料进行分类和分级，即将缺货可能性大的归为一类，进行最高级别的预警；将有一定缺货可能性的物料分为一类，进行次一级的预警；将缺货可能性小的物料归为一类，不进行预警。这便是物料缺货分级预警的基本思路。

物料缺货分级预警有一个默认条件，即默认供应链已经按订货模型提出了订货需求，即物料缺货分级预警的作用是预防缺货，而不是提醒订货。

2. 物料缺货的两级预警

缺货预警是指在没有缺货时，库存控制人员根据已有的信息和数据预测未来可能缺货而进行的预警。由于是预测未来，因此存在预测不准确的情况，即预测有可能会缺货，但实际并不一定会缺货。

也就是说，缺货预警"警"的是一种可能性。物料缺货分级预警正是以这种可能性进行分级的。为了简化物料缺货预警的操作，本书对物料缺货进行两级预警：黄色预警和红色预警。

黄色预警是相对次一级的预警，或者说是为了更有效地预防缺货而人为放大了的预警。黄色预警主要起提醒作用，供应链应根据实际情况采取或不采取措施。

在物料缺货预警中，红色预警是真正的预警。当物料出现红色预警时，供应链必须采取措施。

（1）黄色预警

黄色预警是缺货可能性相对低的预警，是相对次一级的预警。针对缺货可能性相对低的预警，为了避免其预警太多，占用更多的管理资源，需要设定三个条件，并且只有全部满足这三个条件时才进行黄色预警。

① 物料的公司的库存低于三天的用量。物料缺货分级预警的作用是预防缺货，而不是提醒订货。物料缺货分级预警的默认条件是已经按订货提前期向供应商下采购订单，所以物料缺货分级预警不考虑下单情况。

基于这一点，将黄色预警的第一个条件设定为物料的公司的库存低于三天的用量，是指公司内物料的库存低于三天的预测需求量。其逻辑是：如果公司内物料只有少于三天用量的库存，那么就会有一定的缺货风险，需要进行预警。

之所以设定三天的用量，原因主要有三个：一是"三天"只是一个符号，企业需要根据自身的实际情况和物料特性确定该天数，如可以是五天，也可以是两天；二是该天数不应太少，如果太少，预警后，库存控制人员来不及反应。确定物料的这个天数，就是确定这种物料有多少天用量的库存。这个天数需要让供应链有足够的时间去准备，以应对未来缺货；三是该天数也不应太多，因为在已经按照订货提前期提前订货的前提下，如果增加预警天数，就会增加预警项目和频次，增加工作量，耗费资源。

② 物料的公司的库存 + 在途订单低于订货提前期的用量。物料缺货分级预

警默认已经按订货提前期向供应商下采购订单，黄色预警的第二个条件就是已下单但供应商还未送货的采购订单和物料的公司的库存之和低于订货提前期的用量，即物料的总库存低于订货提前期的用量。

订货提前期的用量就是最低库存。最低库存是一种周转库存，是必须保证的库存。当物料的总库存低于最低库存时，理论上来说肯定会缺货，即存在缺货风险，需要进行预警。

另外，尽管物料缺货分级预警不考虑下单情况，但当物料的总库存低于订货提前期的用量而进行缺货预警时，这正是在提醒采购人员确认是否已向供应商下采购订单。

③ 该物料没有红色预警。该条件是指红色预警优先，即如果某物料已经进行红色预警，那么不再进行黄色预警。这是因为红色预警比黄色预警更加严重，级别更高。

这个条件其实不是真正的条件，但在模型中需要按照条件进行设置。这样做是为了将警报归于级别更高的红色预警，同时也为了突出模型中各预警列的差异，避免视觉疲劳。

（2）红色预警

红色预警也有三个条件。但是，和黄色预警需要同时满足三个条件不同的是，以下三个条件只要满足其中一个就要进行红色预警。

① 物料的公司的库存低于一天的用量。"一天"只是一个符号，企业需要根据自身的实际情况和物料特性来确定该天数，如可以是两天，也可以是三天。其要求是该天数不应太多，否则导致预警太多，会消耗大量的管理资源，并减小预警的作用。

② 物料的公司的库存低于供应商运输提前期和公司内部来料检验提前期用量之和。物料的公司的库存不能低于供应商的送货时间加上来料检验时间的用量，即公司内物料的可用库存至少要支撑到供应商有库存情况下的紧急到货并检验入库时。

例如，某物料需要三天到达仓库，但因物料特殊，来料检验需要一天，那么该物料的运输提前期是三天，检验提前期为一天。当公司内的物料的库存低于四天的用量时，需要进行红色预警。

③ 物料的公司的库存 + 在途订单低于订货提前期内已产生订单的需求量。该条件和黄色预警中的第二个条件类似，是指公司总库存（包括车间线边库存和仓库库存）和已经向供应商订的货加起来比已经接的客户订单所产生的需求少。在这种情况下，供应链如果不采取措施，肯定会缺货，需要进行更高级别的预警。

例如，某物料的订货提前期为五天，如果某天进行需求汇总时发现已产生需要在这五天内发货的订单对某物料的需求为 1 000 个，而该物料的库存只有800 个，并且供应商的订单全部送完，在这种情况下，需要进行红色预警。

3. 物料缺货分级预警模型应用实例

表 11-3 是物料缺货分级预警模型应用实例。模型右侧设置了"红色预警"列和"黄色预警"列，这两列的运算结果就是物料缺货分级预警模型的最终输出。模型的相关项目、参数和公式设计如下。

表 11-3　物料缺货分级预警模型应用实例

物料缺货分级预警模型										当天日期	2020 年 8 月 20 日
物料名称	单位	订货提前期（天）	运输提前期（天）	检验提前期（天）	当日车间线边库存	当日仓库库存	公司总库存	供应商未交付的订单	日均需求量	订货提前期内已产生的需求	红色预警	黄色预警
A	个	10	1	1	3 000	10 000	13 000	20 000	5 142	32 158	—	可能缺货
B	个	2	1	0	600	—	600		300	750	缺货	—

（1）订货提前期、运输提前期和检验提前期为事前与各方沟通确认的数据。

（2）当日车间线边库存、当日仓库库存这两个数据可以从库存报表中导入或直接填入。

（3）公司总库存为当日车间线边库存和当日仓库库存之和；供应商未交付的订单为已下单但供应商还未送货的采购订单，取自物料订购（采购）到货跟踪表。

（4）日均需求量为采用一定的预测方法预测的未来需求量。

（5）订货提前期内已产生的需求一般从公司的信息系统中取数，或者按手工记录的表格经物料清单计算得出。

（6）红色预警，满足其中一个条件就进行预警（显示"缺货"字样）。如表 11-2 所示的"红色报警"列，就是按满足三个条件中的一个进行的红色报警公式设计，即：

红色报警＝IF（OR（公司总库存＜日均需求量，公司总库存＜（运输提前期＋检验提前期）× 日均需求量，公司总库存＋供应商未交付的订单＜订货提前期内已产生的需求），"缺货"，""）

公式中，IF 为条件判断函数，OR 为"或"函数。

（7）黄色预警，只有同时满足三个条件时才进行预警（显示"可能缺货"字样）。如表 11-2 所示的"黄色报警"列，就是按同时满足三个条件进行的黄色报警公式设计，即：

黄色报警＝IF（AND（红色报警＜＞"缺货"，公司总库存＜日均需求量 ×3，公司总库存＋供应商未交付的订单＜日均需求量 × 订货提前期），"缺货"，""）

公式中，IF 为条件判断函数，AND 为"并"函数。

根据红色预警和黄色预警的三个条件，分析本例中的 A 物料和 B 物料。

A 物料：公司总库存为 13 000 个，大于日均需求量 5 142 个，也大于运输提前期和检验提前期用量之和（5 142×2 = 10 284 个）。另外，公司总库存（13 000 个）与供应商未交付的订单（20 000 个）之和（33 000 个）大于订货提前期内已产生的需求（32 158 个）。显然，红色预警中的三个条件一个都不符合，所以 A 物料不用进行红色预警。

但是，A 物料的公司总库存为 13 000 个，小于三天的需求量（5 142×3 = 15 426 个）。另外，公司总库存（13 000 个）与供应商未交付的订单（20 000 个）之和（33 000 个）小于订货提前期的用量（5 142×10 = 51 420 个）。显然，黄色预警中的三个条件全部满足，所以 A 物料需要进行黄色预警。当"黄色预警"列显示"可能缺货"字样时，库存控制人员需要分析物料可能缺货的原因，并采取相应的措施。

B 物料：尽管公司总库存（600 个）大于日均需求量（300 个），也大于运输提前期和检验提前期用量之和（300 × 1 = 300 个），但 B 物料的公司总库存（600 个）与供应商未交付的订单（0 个）之和（600 个）小于订货提前期内已产生的需求（750 个）。显然，红色预警中的三个条件中有一个符合，所以 B 物料需要进行红色预警。当"红色预警"列显示"缺货"字样时，库存控制人员需要立即查找缺货原因，并及时通知相关人员采取必要的措施。

物料缺货分级预警是以物料分类为思路的预警方法，非常适合对缺货管理要求不严格的企业。

11.5 低位盘点缺货预警

多梯次循环缺货预警是一种较全面的缺货管理方法，但对企业的管理水平和库存控制人员的能力有一定的要求。为此，本书提出了物料缺货分级预警。物料缺货分级预警在操作上比多梯次循环缺货预警简单得多，但对库存控制人员的能力仍有一定的要求，所以下面将介绍一种对库存控制作业人员的能力没有过多要求的缺货预警方法，即低位盘点缺货预警法。

1. 低位盘点缺货预警的前提假设

低位盘点，或称低水位盘点，是指定期监控物料的库存量，当物料的库存量低于事前设定的"一定水平"的库存量时，即对该物料进行清盘和对账，以保证库存较低的物料账实相符。

之所以强调库存较低的物料账实相符，是因为库存相对较低的物料出现缺货的概率较高，并且不易补救。

认为库存较低的物料更容易缺货，或者说仓库内有一定库存的物料不容易缺货，这就是低位盘点缺货预警的前提假设。

当然，该假设不一定正确，但一般情况下，可以认为库存较低的物料缺货的概率更高。因此，基于该假设，本书提出了低位盘点缺货预警方法。

低位盘点是为了解决物料缺货问题而采用的简便的盘点方式。低位盘点缺货预警是指在低位盘点的同时进行物料缺货预警的一种缺货管理方法。

2. 一定水平的库存量的设定

低位盘点首先需要解决的问题是"什么是低位"，即"什么是库存相对较低"。库存相对较低是指库存低于事前设定的一定水平的库存量。如何设定一定水平的库存量呢？这是低位盘点缺货预警需要解决的第一个问题，也是低位盘点缺货预警的难点。

一定水平的库存量需要根据企业的库存控制和仓库的实际运营情况设定，没有固定的方法和确定的计算公式。建议大家以一个思路＋两个参考因素来设定一定水平的库存量。

（1）一定水平的库存量设定时的思路

一定水平的库存量设定时的思路是：不是所有的物料都适合低位盘点缺货预警。例如，有些物料用量大，出入库频次高，如果对这些物料进行低位盘点缺货预警，那么库存控制人员的工作量会很大，并且实用性不强。

建议大家先对全部物料进行 ABC－XYZ 分类，只对 CZ、CY、BZ 三类物料进行低位盘点缺货预警，即默认 CZ、CY、BZ 这三类物料按常规方法管理出现缺货的概率较高。

（2）一定水平的库存量设定时的两个参考因素

一定水平的库存量设定时的两个参考因素如下。

① 一天的使用量。之所以只设定一天的使用量，是因为 CZ、CY、BZ 三类物料日常使用量不多，并且使用量不稳定，如果完全不备库存，可能会直接面临缺货。但是，如果备多了库存大概率会造成浪费，形成呆滞库存。综合考虑，一定水平的库存量设定为一天的使用量为佳。

由于 CZ、CY、BZ 这三类物料本身使用量不稳定，几乎无法准确确定一天的使用量，因此建议大家设置过去一段时间内最大一天的使用量为一天的使用量。

② 客户需求。这里所说的客户需求是指已经产生的客户订单分解的物料需求，如果已经产生的客户订单中有对这三类物料中某一物料的需求，那么该物料一定水平的库存量不能低于该需求量。这是因为客户已经下单，企业需要有库存来满足客户的订单。已经产生的客户订单的需求是一个动态数据，在库存报表中可以设置相应的公式自动获取和更新。

3. 简便的低位盘点缺货预警法

一定水平的库存量的设定方法是只对 CZ、CY、BZ 三类物料进行低位盘点缺货预警。一定水平的库存量的具体数值为这三类物料过去一段时间内最大一天的使用量。如果已经知道客户的需求，那么一定水平的库存量不得小于已知的客户的需求量。

低位盘点缺货预警对库存控制人员的能力要求不高，但从以上设定方法可以看出，一定水平的库存量的设定对库存控制人员的能力仍有一定的要求，这不是很矛盾吗？其实不矛盾，因为一定水平的库存量的设定是一个事前进行的工作事项，可以由库存控制管理者一次性完成。库存控制人员只需要按照设定的库位水平进行日常盘点操作。

当然，设定一定水平的库存量以后，企业要根据实际情况对其进行更新与调整。

4. 低位盘点缺货预警的实施

选定了低位盘点预警的物料，设定了一定水平的库存量后，库存控制人员要密切监控物料的库存，对这些物料进行低位盘点缺货预警。

与多梯次循环缺货预警和物料缺货分级预警不同，低位盘点缺货预警不需要制作缺货预警模型，一些缺货预警的设置只需要在常规的库存报表中增加三列即可。其中，增加的第一列是"ABC – XYZ 分类"列；第二列是"低位标准库存"列，即 CZ、CY、BZ 这三类物料中每一类物料的一定水平的库存量；第三列是"判断是否需要进行低位盘点"列，即对比现有库存和低位标准库存的数量，如果现有库存低于低位标准库存，即判定为需要进行低位盘点。

对判定为需要进行低位盘点的物料进行实地清盘，以实盘数量按公司相关规定调整账面数；同时，以实盘数量发起低位缺货预警，提请相关部门与库存控制管理者注意并采取相应措施。

5. 低位盘点法的优势

低位盘点法的优势是保障易缺货物料（低位物料）的库存准确，从而更早地发现问题，更早地应对缺货。此外，低位盘点法对于盘点本身也有以下几个优势。

（1）因为仅对库存量低于一定水平的物料进行盘点，这个一定水平的库存量一般较低，所以涉及的物料种类不会很多，单一品种的数量也不会很多，可以大幅度减少仓库日常盘点的工作量，提升仓库盘点的工作效率。

（2）因为仅盘点低位的物料，这些物料是低于一定水平的库存量的物料，品种不多，库存量也较少，所以盘点难度不大，有利于提升库存盘点的准确率。

（3）因为重点清盘低于一定水平的库存量的物料，保持这些物料库存准确，所以可以动态地防止低库存物料发生差错，这是预防缺货或缺货预警中非常有效且成本低廉的手段之一。

6. 低位盘点法的劣势

低位盘点法的劣势主要体现在以下两个方面。

（1）因为仅针对低于一定水平的库存量的物料进行盘点，所以对其他物料的监督和控制不够，当其他物料出现异常时，不能及时地反馈和调整，这不利于整体库存准确率的稳定与提升。

（2）因为仅针对低库存的物料进行盘点，对其他物料不敏感，导致低库存盘点不能及时发现呆滞物料或超储物料，不利于及时进行呆滞物料或超储物料的处理。因此，低位盘点法一般只做特殊应用，不能代替定期的全面盘点。

7. 低位盘点缺货预警的应用

低位盘点缺货预警是一种简便的缺货预警方法。正因为其简单，对库存控制人员的能力要求不高，所以可以在很多场景中应用。

（1）有些企业如果没有专业的库存控制人员，可以用低位盘点缺货预警应对缺货管理的要求。

（2）有条件的企业可以结合使用多梯次循环缺货预警和低位盘点缺货预警，以更加全面地管理缺货。具体的做法是，专业的库存控制人员负责多梯次循环缺货预警，仓库的账务管理员负责低位盘点缺货预警，二者相互补充和提醒。

11.6 预警太多等于没有预警

前面讲了缺货预警的三种方法，它们的主要作用是对可能缺货的物料进行预警，从而提醒相关人员采取措施，避免未来缺货。但是，有些人认为预警越早越好、越多越好。其实，预警没有必要太早，太多也不是一件好事，因为预警太多等于没有预警。

2020 年新冠肺炎疫情复工以后，笔者的一位前同事给笔者发来一张他做的物料缺货预警表（见表 11-4）。从表中可以看出，几乎所有物料都显示"报警"字样。

表 11-4　物料缺货预警表（部分）

物料编码	最小外包装规格	采购提前期（天）	当日库存	安全库存	日均需求量	订货点	在途订单	报警
WYL-0001	100	3	813	113.16	56.58	848.75	500	—
WYL-0002	100	3	3 220	477.58	238.79	3 581.85	—	报警
WYL-0003	100	3	1 082	283.75	141.87	2 128.14	1 000	报警
WYL-0004	100	3	2 308	375.53	187.76	2 816.50	—	报警
WYL-0005	25	3	10.70	0.23	0.11	1.74	25	—
WYL-0006	25	4	28	7.10	3.55	56.82	—	报警
WYL-0007	25	4	15	7.94	3.97	63.59	—	报警
WYL-0008	50	3	154	29.82	14.91	223.66	—	报警
WYL-0009	25	4	283.80	44.25	22.12	354.05	—	报警
WYL-0010	25	7	96	6.13	1.53	32.20	25	—
WYL-0011	25	7	323	184.42	46.10	968.24	—	报警

笔者问他："你们刚复工就需要采购所有的物料吗？难道去年没有提前准备一些库存吗？"

他回答说："表中显示'报警'的物料并不代表就要立即采购，按目前复工的订单，现在的库存还够用一个多月。"

笔者接着问他："那表中的物料怎么几乎全都显示'报警'？"

他回答说："这是在提前预警，提前做准备。"

显然，这位前同事陷入了预警的误区。他认为预警越早越好，越多越好。其实，预警太多等于没有预警。

预警是指在灾害或灾难及其他危险发生之前，根据以往总结的规律或观测得到的可能性或前兆，向相关部门或人员发出紧急信号，报告可能的危险情况，避免危险在不知情或准备不足的情况下发生，从而最大限度地减轻危险造成的损失的一种行为。

1. 异常太多，代表没有异常

灾害、灾难及其他危险都属于异常的范畴。异常是指在正常情况下不会发生的事，是少数情况。因此，如果异常太多，就代表没有异常。同样，如果预警太多，就代表没有预警。

至于"提前预警，提前做准备"，这更是错误的想法。对于物料缺货预警，按照既有的预警规则预警即可，不需要也没有必要为了更大的担心而放宽预警条件。提前预警（放宽预警条件）会大幅度增加预警数量，浪费管理资源。另外，预警太多可能还会带来视觉疲劳，从而忽视一些预警，这可能会造成面对很多预警却无法有效处理等现象。

2. 异常太多的处理办法

预警多，代表异常多。我们需要甄别和梳理这些异常，以减少异常，从而减少不必要的预警。

除了极少数真正的异常，大部分异常一般属于以下两种情况。

（1）异常太多，导致相关人员到处"救火"。这种现象其实表明大家认为的"异常"其实是一种正常。在这种情况下，靠预警显然无法解决问题，相关人员需要深入现场，寻找真正解决问题的方法，并最终形成固定的流程和制度来解决与处理这种被认为"异常"的正常。例如，如果大部分物料天天缺货，那么预警就没有意义，也完全不需要预警，相关人员首先要做的是将物料天天缺货这种异常当作正常来应对，并且想办法去解决它。

（2）虚假的异常，即人为放大造成的异常。就如那位前同事的案例，没有断料且不需要预警，但却人为地放大造成预警，这其实是完全没有必要的。这样做除了会造成大量的资源浪费，还可能会让真正的异常无法有效预警。

3. 如何有效预警

在缺货管理中，库存控制人员需要识别真正的异常，从而实现有效预警，避免未来缺货。

对缺货预警来说，企业既可以选择全面多梯次循环缺货预警，也可以选择物料缺货分级预警和低位盘点缺货预警。

11.7　缺货成本

企业管理的主要任务是满足客户的需求。如果缺货，不仅会给企业带来一定的损失，而且会影响客户服务水平。如何降低缺货成本，需要企业重点关注。

曾经有一位朋友向笔者了解库存的缺货成本。对于他给笔者发来的一张截图（见图 11-1），笔者研究了很久也没能研究明白。后来，笔者才知道这张截图是他从网上搜索到的缺货成本的计算公式。于是，笔者决定以自己的经验知识来回答他的问题。

如果用 C 表示储备存货的总成本，用 C_s 表示缺货成本，那么缺货成本的计算公式如下：

$$TC = TC_A + T_c + TC_s = F_1 + \frac{D}{Q} \times K + D \times U + \frac{K_c \times Q}{2} + TC_s$$

公式中，D 表示存货年需求量；Q 表示每次订货批量；U 表示单价；F 表示固定性储存成本；K 表示变动性储存成本。

图 11-1　网上搜索到的缺货成本的计算公式

1. 缺货成本概述

缺货成本是指因缺货而产生的各种费用和损失，如因断料或缺货造成生产停工或被迫换线的损失、因物料晚到加班收货而造成的额外加班费用、因满足客户及时交付要求而造成的物流加急费用、因缺货造成的订单退货损失等。

在介绍缺货成本的具体构成前，有必要先了解对缺货成本认识的两个误区：认为缺货成本是真正的成本；认为缺货成本是库存成本。

（1）缺货成本不是真正的成本

缺货成本是因缺货而额外产生的费用和损失，它不是构成产品的组成部分。缺货成本不是真正的成本的原因如下。

① 成本有其针对性。成本是有载体的，如材料、人工等，都是针对具体的产品或特定的事项而言的，脱离了针对性，就很难称之为成本，只能称之为费用。缺货成本没有明确的针对性。例如，因缺货造成的赔付支出无法针对某个缺货的具体产品，如果将这部分费用计入该产品的成本，显然不合理。

② 成本有其因果性。不是所有的费用都能计入成本，只有对产品或事项成本的构成有作用或有影响的才能计入成本（包含直接成本和间接成本）。缺货是一种管理结果，而不是某产品的构成原因，其费用与产品本身没有因果性，不宜归于成本。

③ 成本有其承受性。产品的成本有一定的范围，当有远超其价值的支出时，那一定不是成本，而是其他相关费用。例如，因缺货导致需要加急空运一两件产品给客户，空运费远超产品售价，将这部分费用计入产品的成本显然不合理，只能将其归入企业的管理费用。

（2）缺货成本不是库存成本

很多人认为缺货成本是库存成本的一部分，认为库存成本＝库存的采购成本＋库存的持有成本＋库存的缺货成本。其实，缺货成本不是库存成本，故不能将其称为"库存的缺货成本"。缺货成本不是库存成本的原因如下。

① 库存成本由两部分构成，一是为获得这批库存产生的成本（如订购费、运输费等），二是为持有这批库存产生的成本（如库存持有的直接成本、间接

成本和风险成本等）。因缺货带来的各种费用和损失不在库存成本的两大构成之内。

②缺货是一种管理行为带来的结果。缺货的结果和仓库的库存本身没有关系。例如，仓库内存有一吨货物，这一吨货物的采购费和存储费共 10 万元。某天，按合约需要向客户发货两吨，但仓库内只有一吨货物，客户取消了订单。这时，不管因取消订单给企业造成了多少损失，这一吨货物的库存成本就是 10 万元，缺货的结果并不能带来库存成本的变动。

2. 缺货成本的构成

（1）缺货的直接成本。缺货的直接成本就是因缺货直接带来的可计算得出的各种费用和损失，因到货不及时造成的各种加急费用、因订单取消带来的库存呆滞费用、因缺货造成生产停工的损失、因缺货造成用高价货物替代而产生的价差损失等。缺货的直接成本的关键词是"可计算"，即可以经过计算得出精确的数值。

（2）缺货的间接成本。缺货的间接成本是指缺货后可能产生的成本和损失，或者因缺货而失去的各种本来有可能获得的收益。这些可能产生的成本或可能获得的收益往往很难直接计算，也就很难得到精确的数值。

3. 缺货成本的计算

从缺货成本的构成可以看出，缺货成本没有统一的计算方法，更没有固定的计算公式。缺货成本需要根据具体的项目分开计算，再进行汇总。

下面介绍三种典型的缺货成本的计算方法。

（1）客户取消本次订单时缺货成本的计算方法

客户取消本次订单可以分为两种情况：一是本次订单暂时取消，即现在没货先不发，待到货后发货，这种情况实际上总需求没有减少；二是本次订单彻底取消，客户采购了其他产品或采用了替代产品，但下次有需求时客户还会正常采购。

针对第一种情况，缺货成本的计算公式如下：

$$缺货成本 = 缺货处罚或赔付费 + 客户对企业的及时交付考核损失 +$$
$$缺货沟通费 + 加急费$$

针对第二种情况，缺货成本的计算公式如下：

$$缺货成本 = 本次订单销售毛利 + 本次订单物料的库存持有成本 + 本次订单专用物料的失效成本 + 缺货处罚或赔付费 + 客户对企业的及时交付考核损失 + 缺货沟通费$$

（2）客户丢失的缺货成本的计算方法

针对客户丢失的缺货成本的计算，可以采用四年加权毛利法。其逻辑是：不管对该客户之前付出了什么，只计算之后能从客户处得到些什么。

四年加权毛利法只计算四年毛利，超过四年的不予计算。客户丢失当年，以预测业绩全额计算毛利（权重100%）；接下来的三年，分别以60%、30%、10%的权重计算毛利，用各自的权重乘以预测业绩。

采用四年加权毛利法计算客户丢失的缺货成本的公式如下：

$$客户丢失的缺货成本 = 第一年预测业绩 \times 毛利率 \times 100\% + 第二年预测业绩 \times 毛利率 \times 60\% + 第三年预测业绩 \times 毛利率 \times 30\% + 第四年预测业绩 \times 毛利率 \times 10\%$$

（3）市场份额下降的缺货成本的计算方法

这里所说的市场份额是指出现缺货某产品的市场份额。要想计算市场份额下降带来的损失，就必须有市场份额的数据。

如果有市场份额的数据，市场份额下降时的缺货成本计算可以分以下三步进行。

（1）以时间维度进行需求预测，预测没有缺货情况下的市场份额的变化情况。

（2）将预测的市场份额的变化情况与实际情况做对比。

（3）将市场份额差异换算成具体的产品数量或销售金额，再计算毛利。该毛利就是因缺货带来的市场份额下降的成本。

4. 降低缺货成本的方法

企业要追求利润，做管理就要开源节流。对供应链管理来说，一般情况下，几乎没有或很少有开源的机会，节流是供应链成本控制的主赛道。缺货成本既然是成本，那么它也是供应链节流赛道的一部分。企业要想办法降低缺货成本。

降低缺货成本主要有以下三种方法。

（1）减少缺货

从理论上来说，如果没有缺货，自然就没有缺货成本，所以减少缺货成本更好的方法是减少缺货。因此，供应链要想办法减少缺货。

减少缺货有很多种方法，如供应链整合、协同式供应链库存管理、联合库存管理等。库存控制实战模型也是减少缺货的有效方法之一。至于如何减少缺货，建议大家采取以下措施。

① 内部采用库存控制实战模型进行订货管理，以有效减少缺货。

② 外部采用与供应商预测风险共担机制来减少缺货。与供应商预测风险共担能加快供应商的反应速度，从而有效地减少缺货。

需要说明的是，如果因企业本应该做到而没有做到的事情导致缺货，那就不能仅仅靠模型和机制来减少缺货了。例如，企业按照合同约定到期给供应商付款却不付款造成供应商不送货而引起的缺货。

（2）进行缺货预警

缺货管理更好的方法是进行缺货预警。缺货预警可以有效减少缺货。但是，缺货预警的作用不仅是减少缺货，其经常被忽略的作用是提前知道缺货，从而有效地降低缺货成本。

显然，依靠人工每天监控物料的库存，发现物料的库存少了认为可能缺货就进行预警不太可靠且效率极低，很难起到真正的预警作用。

前面介绍了三种缺货预警方法，即多梯次循环缺货预警法、物料缺货分级预警法和低位盘点缺货预警法，企业可以根据自身的实际情况和管理思路进行选择。

（3）快速处理缺货

在 VUCA 时代，因各种不确定性，供应链总会产生缺货。即使订货模型再先进，缺货预警再及时，也会有一些意外发生。

快速应对和处理缺货是减少缺货成本的一种有效且必须采取的措施。这是因为缺货产生时如果不快速做出处理，可能会产生更高的成本。例如，提前告知客户并与之协商同意企业延期交货，使客户有时间准备，这样缺货成本会很低；如果临时通知客户，导致客户没有时间准备，缺货成本自然会很高。

处理缺货的方法有很多种，但大多数情况下可以从以下三个方面着手。

① 与客户沟通，请求其延期或更换需求，同时加急催货，以弥补供应。

② 寻找其他已有物料替代缺货物料。这一点需要企业减少产品的复杂程度，增强物料的可替代性，也需要企业有快速反应机制（如物料替代的审批流程）。

③ 进行市场调货或直接从市场购买相同的产品，按客户的需求更换或不更换包装交付给客户。

第 4 篇

呆滞库存管理

第 12 章

呆滞库存概述

在库存控制的四个核心指标中，及时交付率是库存控制最基础的指标，库存周转率是体现库存控制整体水平及库存管理价值的指标，呆滞比率是体现库存控制能力水平的指标，部门费率是反映库存控制或供应链管理效率的指标。

另外，呆滞比率还是一个反向指标，是一个容易否定供应链的成绩的指标。呆滞比率为什么容易否定供应链的成绩呢？这是因为及时交付率、库存周转率和部门费率这三个指标都是期间指标或长期指标，在日常工作中一般不能及时体现出来或体现得不明显，但呆滞比率却不一样，它实实在在地展现在管理者面前，每一次呆滞库存处理，企业管理者都会非常重视。

呆滞库存的管理与控制是库存控制的重要组成部分，也是其主要任务。

12.1 库存持有的风险成本

呆滞库存带来的危害，除了占用仓库空间和企业资金，更重要的是呆滞库存持有的风险。因此，在介绍呆滞库存管理前，先介绍一下库存持有的风险成本。而库存持有的风险成本是库存持有成本的组成部分，因此，在谈库存持有的风险成本前，先了解一下库存持有成本。

1. 库存持有成本与库存成本

供应链管理中的库存持有成本和库存成本是两个不同的概念。库存持有成本是指持有库存而产生的各种成本。库存成本是指因存货而发生的各种费用的总和，主要由物品购入成本、订货成本、库存持有成本等构成。也就是说，因持有库存而产生的库存持有成本最终会归结到库存成本中，因此，库存成本包含库存持有成本。

例如，某仓库存放了 100 吨货物，假设这 100 吨货物的总价为 200 万元，那么这 200 万元就是库存成本；而库存持有成本就是为持有和存放这 100 吨货物而发生的各种费用和存在的或可能存在的各种损失，如仓库租金、仓库管理人员的工资和福利费、货物的搬运费和装卸费等。

假设某仓库存放这 100 吨货物一个月所产生的各种费用与损失加起来 1 万元，那么一个月后，这 1 万元的库存持有成本需要加到 100 吨货物的库存成本中，即库存成本为 201 万元。

2. 库存持有成本的组成

库存持有成本是指持有库存而产生的各种成本，主要包括以下三个方面。

（1）库存持有的直接成本。这部分成本是为了持有库存、保存货物而直接产生的成本，如仓库租金、设备折旧费、水电费、仓库管理人员及装卸人员的工资等，以及涉及的一些保险和税费等。

（2）库存持有的间接成本。持有库存需要资金，如果不把这笔资金投在库存上，而将其投到其他地方，那么这笔资金就可以在其他地方产生收益。这种因投资库存而损失的收益就是库存持有的间接成本。库存持有的间接成本其实就是库存的资金占用成本，也可以说是机会成本。

（3）库存持有的风险成本。库存持有成本包括存在的或可能存在的各种损失，其中可能存在的损失是指库存持有的风险成本。简单来说，库存持用的风险成本是指持有的库存因时间的推移可能带来的一系列的费用和损失，如贬值损失、过期损失和报废损失等。

3. 库存持有的风险成本的组成

根据成本的性质与特点，可以将库存持有的风险成本分为以下两类。

（1）未来可能产生的费用和损失。这是库存持有的风险成本最直观的部分，如产品降价与贬值损失、产品损坏与报废损失、产品丢失（失窃）损失等。这些成本是库存持有的风险成本的主要组成部分。

（2）为应对可能的损失而产生的各种成本和费用。因持有库存，未来可能会产生各种费用和损失。为了更好地避免和控制这些损失，供应链需要最大限度地预测风险、避免风险和应对风险。这些行动都需要投入资源去做，都需要支出费用。这些支出的费用包括风险管理人员的工资和各种管理费、公司 IT 信息系统的运行和维护费、为转移分摊风险而产生的保险费等。

4. 库存持有的风险成本产生的原因

在 VUCA 时代，整个供应链中充斥着不确定性，而不确定性就是库存持有的风险成本产生的原因。

（1）需求的不确定性。由于需求不确定，因此供应链按需求预测而准备的库存实际耗用存在变数。当需求减少时，库存不能如期消耗，这时就会造成因产品过期（如食品等有保质期的产品）、过时（如时尚等追求潮流的产品）或升级换代（如电子类产品）而产生各种费用和损失。

（2）市场的不确定性。有时候，需求波动可能不明显或需求预测准确率较高，在这种情况下，不会出现因需求的不确定性而造成的损失。但是，市场环境瞬息万变，即使企业内部需求预测准确，但市场环境的变化也会给企业带来各种损失。例如，为应对不确定性而准备库存的产品价格降低、通货膨胀加剧或汇率变化造成损失、政策层面调整造成持有的库存全面呆滞等。

（3）环境的不确定性。这里所说的环境是指物料存放的环境。环境的不确定性同样会带来库存持有的风险，如因天气异常造成产品变质、因仓库周边环境不佳造成产品损坏、因自然灾害造成各种损失等。

5. 降低库存持有的风险成本的方法

降低库存持有的风险成本的方法如下。

（1）控制库存，即在满足既定的客户服务水平的前提下将持有库存总量控制在合理的水平。这样一来，持有的库存少了，自然库存持有的风险成本也会降低。

（2）应对风险，即采取相应的措施和方法来预测风险、识别风险，从而避免和降低风险。降低风险后，库存持有的风险成本自然也会降低。为了更好地应对风险，可以从以下三个方面着手。

① 提升需求预测能力。提升需求预测能力，也就是提升对风险的预测能力。提升需求预测能力的关键在于两点：一是拥有具备丰富经验及专业技能的人才；二是拥有有助于风险预测的信息收集及处理系统。

② 呆滞预警。呆滞预警是风险预测的一部分。呆滞预警是一项计划工作，也是一项过程工作，更是一项需要长期坚持的工作。

③ 分摊风险。当自己承受不了或不愿意承受风险时，可以想办法同他人一起承受风险，这就是分摊风险。保险是分摊风险的常用方法。目前，针对库存持有风险的保险产品非常多，企业可以根据自身的实际情况进行选择。

12.2 呆滞与呆滞库存

1. 呆滞

呆滞是指整个供应链中那些不流动或流动慢的物料或库存。

2. 呆滞库存

呆滞库存是指那些使用量少、暂时不使用或没有机会使用的库存。

呆滞库存包括"呆"库存和"滞"库存两大类。

"呆"库存是指暂时不使用或没有机会使用的库存，如废弃的库存、被淘汰的库存、过时的库存等。

"滞"库存是指在使用但使用量很少的库存，如多余的库存、过度的库存、额外的库存等。

通俗地说，"呆"库存是指完全不使用的库存，"滞"库存是指使用量很少的库存。

3. 确定呆滞库存

确定呆滞库存是指企业以什么样的标准来判定呆滞库存。

比如，不使用的库存是"呆"库存，这个不使用是多长时间不使用呢？再比如，使用量很少的库存是"滞"库存，使用量多少才算是很少呢？这些问题的答案都无法在呆滞库存的定义中找到。

如何确定呆滞库存呢？

12.3 确定呆滞库存的三种方法

1. 往后看

"往后看"是指看物料的历史消耗数据,看以前发生了什么,看已经发生了什么。

采用"往后看"的方法确定呆滞库存,简单来说,就是将那些在过去一段时间内消耗慢或没有消耗的库存判定为呆滞库存。例如,A 物料在过去半年都没有使用过或使用量很少,那么采用"往后看"的方法判定,A 物料就是呆滞库存。

采用"往后看"的方法确定呆滞库存较直观,也较容易理解。因此,这种方法是最常见、被企业采用最多的一种确定呆滞库存的方法。

"往后看"的重点是过去一段时间内消耗慢或没有消耗,那么过去一段时间是指过去多少时间呢?每月消耗多少才算是消耗慢呢?这两个是采用"往后看"的方法确定呆滞库存时需要提前解决的两个问题。

对于这两个问题,没有统一的答案。这是因为这两点没有固定的标准,需要企业根据自身的产品特性、市场特性及对库存控制的策略确定。例如,有的企业将超过三个月不消耗或消耗慢的库存判定为呆滞库存,那么该企业的过去一段时间指的就是过去三个月;有的企业将一个月内使用量不超过 10 单位的库存判定为呆滞库存,那么该企业的库存每月消耗 10 单位以下就是消耗慢。

2. 往前看

"往前看"这种方法是只看未来。采用"往前看"的方法确定呆滞库存,就是将在未来一定时间内不能消耗或消耗不了的库存判定为呆滞库存。和"往后看"的方法一样,这里所说的未来一定时间也需要根据企业自身的实际情况确定。

　　从理论上来说，"往前看"的方法比"往后看"的方法更加科学。但是，预测是不太准确的，未来物料能否消耗、能消耗多少都是不确定的。因此，"往前看"的方法能否起作用，视企业的需求预测能力和需求管理能力而定。

　　之所以要求企业要有需求预测能力和需求管理能力，是因为只有对未来的需求把握准确或有一定程度的把握，以"往前看"来确定呆滞库存的方法才会起作用。否则，很可能会使本来不是呆滞物料被判定为呆滞物料，从而被低价处理；更严重的是，可能会将本来应该是呆滞物料判定为不是呆滞物料，从而加重呆滞库存。

　　采用"往前看"的方法确定呆滞库存时重在未来，而不管过去如何，这样就会打破固有的认知，即爆款产品也一样会出现呆滞库存。

　　例如，某企业采用"往前看"的方法确定呆滞库存，规定将未来两个月消耗不了的库存判定为呆滞库存。假设某爆款产品每日的消耗量非常大，平均达到 1 000 单位，如果将该产品的库存做得过多，如超过 10 万单位，导致未来两个月消耗不完，那么该爆款产品超过两个月预测用量的库存就是呆滞库存，即两个月消耗不完的那部分库存就是呆滞库存。

　　爆款产品也会出现呆滞库存，这是"往前看"这种判定呆滞库存方法的"魅力"所在，也是建议大家采用这种方法确定呆滞库存的主要原因。

3. 往内看

　　"往内看"的方法既不看历史，也不看未来，而只看当前，只看产品本身及其特性。"往内看"的方法适用于快速更新换代的产品、有保质期的产品等。

　　"往内看"的思路是，将生产日期或库龄超过一定时间的库存判定为呆滞库存。

　　采用"往内看"的方法确定呆滞库存较典型的行业是食品行业，因为不管是食品成品还是食品原材料，都有保质期。大多数企业会根据食品保质期制定一个临近保质期的内部控制标准，超过该标准就不能使用或限制使用，从而成为呆滞品。

例如，某企业的某产品保质期为一年，该企业将该产品的内部控制标准设定为五个月，即当该产品某批次的生产日期超过五个月时，该批产品就不能使用或限制使用，自动成为呆滞库存，需要按呆滞品处理流程处理。

12.4 呆滞库存判定模型

在日常工作中，企业可以根据自身的实际情况选择确定呆滞库存的方法。建议大家组合应用上述三种方法。

1. 往内看＋往前看组合方法

对保质期或时效性要求严格的物料，建议大家采用"往内看＋往前看"组合方法来确定呆滞库存。

（1）"往内看"。根据物料特性及保质期要求，企业制定内部控制标准，当某批次物料达到或超过这个标准时，将该批物料库存判定为呆滞库存。

（2）"往前看"。根据企业的运营情况、库存周转要求及仓库的库容环境等，事前设定一个期限，再根据已产生的订单和需求预测进行判断，如果库存的物料在事前设定的未来期限内耗用不完，那么将这些耗用不完的库存判定为呆滞库存。

采用"往内看＋往前看"组合方法确定呆滞库存时，只要其中有一个达到标准，即可判定为呆滞库存。

2. 往内看＋往前看组合方法应用案例

表 12-1 是呆滞库存判定模型。下面以该模型为例说明和解释"往内看＋往前看"组合方法的应用。

表 12-1　呆滞库存判定模型

呆滞库存判定模型												当天日期	2020 年 8 月 20 日
物料编码	物料名称	单位	保质期（天）	临保期（天）	库存不超天数	生产日期	批次库存数量	是否过临保期	是否过保质期	有效库存	有效库存总量	日均消耗量	可用天数	呆滞库存判定	呆滞数量
W0001	A	千克	270	120	90	2019 年 11 月 22 日	100	是	是	0	5 000	30	0	呆滞	100
						2020 年 4 月 6 日	200	是	是	0	5 000	30	0	呆滞	200
						2020 年 6 月 10 日	1 000	否	否	1 000	5 000	30	33	—	0
						2020 年 7 月 31 日	2 000	—	—	2 000	5 000	30	100	部分呆滞	300
						2020 年 8 月 5 日	2 000	—	—	2 000	5 000	30	166	呆滞	2 000

　　假设某企业的 A 物料的保质期为 270 天，临保期为 120 天。截至 2020 年 8 月 20 日，仓库内有五个批次的 A 物料库存。现在采用"往内看＋往前看"组合方法来确定 A 物料的呆滞库存。

　　（1）"往内看"。A 物料不能超过内部设定的临保期（120 天），如果生产日期超过 120 天，就判定为呆滞库存。

　　（2）"往前看"。该企业设定的 A 物料所属的大类库存使用天数最多不超过 90 天，如果超过 90 天，超出的那一部分库存判定为呆滞库存。本例中，A 物料的日均消耗量为 30 千克，按预测的消耗量，90 天内耗用不完的库存判定为呆滞库存。

　　从表 12-1 中可以看出，第一个批次和第二个批次已经过了保质期与临保期，故这两个批次的 A 物料判定为呆滞库存；第三个批次的 A 物料全部在 90 天内耗用完，为正常库存；第四个批次的 A 物料在 90 天内耗用不完的那部分判定为呆滞库存；第五个批次的 A 物料判定为呆滞库存。

3. 呆滞库存判定模型的设计思路

　　呆滞库存判定模型的设计思路如下。

（1）物料编码、物料名称、单位和保质期为已知数据，这些数据可以直接导入或复制粘贴到模型中。

（2）临保期、库存不超天数是企业事前制定的一系列制度或规则，也是已知数据，这些数据可以直接复制粘贴到模型中。

（3）生产日期、批次库存数量及日均消耗量这三个数据是库存控制人员每日需要跟进与更新的数据，这些数据可以从其他表格中导入。

（4）模型中的其他数据需要根据已知条件计算得出。本例采用的计算公式如表 12-2 所示。

表 12-2　呆滞库存判定模型公式设计

| 呆滞库存判定模型 | | | | | | | | | | | | 当天日期 | | 2020 年 8 月 20 日 | |
物料编码	物料名称	单位	保质期（天）	临保期（天）	库存不超天数	生产日期	批次库存数量	是否过临保期	是否过保质期	有效库存	有效库存总量	日均消耗量	可用天数	呆滞库存判定	呆滞数量
W0001	A	千克	270	120	90	2019 年 11 月 22 日	100	是	是	0	5 000	30	0	呆滞	100
						2020 年 4 月 6 日	200	是	—	0	5 000	30	0	呆滞	200
						2020 年 6 月 10 日	1 000	—	—	1 000	5 000	30	33	—	0
						2020 年 7 月 31 日	2 000	—	—	2 000	5 000	30	100	部分呆滞	300
						2020 年 8 月 5 日	2 000	—	—	2 000	5 000	30	166	呆滞	2 000

附：相关单元格公式（以第 7 行单元格为例）

是否过临保期	= IF(DATEDIF($G6, $O$1, "D")>$E6, "是", "")
是否过保质期	= IF(DATEDIF($G6, $O$1, "D")>$D6, "是", "")
有效库存	= IF(I6 = "是", 0, H6)
有效库存总量	= SUMIF(A:A, A6, K:K)
可用天数	= ROUNDDOWN(SUMIF(A$3:A6, A6, K$3:K6)÷M6, 0)
呆滞库存判定	= IF(I6 = "是", "呆滞", IF(N6>F6, "部分呆滞", ""))
呆滞数量	= IF(O7 = "呆滞", H7, IF(O7 = "部分呆滞", IF(－SUMIF(A$3:A7, A7, K$3:K7)－M7×F7>H7, H7, SUMIF(A$3:A7, A7, K$3:K7)－M7×F7), 0))

① 是否过临保期：计算当天日期与生产日期的相隔天数。与设定的临保期

对比，用 IF 函数判断，相隔天数大于临保期的，判定为呆滞库存。表 12-2 中，DATEDIF 为计算两个日期之间间隔的函数（第 3 参数为 D 时计算间隔多少天，为 M 时计算间隔多少个月，为 Y 时计算间隔多少年）。

② 有效库存：没有过临保期的库存为有效库存。用 IF 函数判断"是否过临保期"栏中是否为"是"，如果为"是"，那么就表示物料过了临保期，不计入有效库存。

③ 有效库存总量：同一种物料所有批次有效库存的总和。用条件求和函数 SUMIF 计算得出。

④ 可用天数：从第一个批次到计算所在的那个批次有效库存的总和，用它除以日均消耗量。这里所说的"可用天数"是指截至计算所在的那个批次有效库存的可用天数。表 12-2 的公式设计中列出了一种典型的计算截至所在某一行的公式设计方法（A\$3:A6），大家可以参照使用。

⑤ 呆滞库存判定：用 IF 函数判断。如果物料过了临保期，那么判定为呆滞；如果可用天数大于库存不超天数，那么判定为部分呆滞。

⑥ 呆滞数量：过了临保期的为整批呆滞；在库存不超天数内库存耗用不完的，当批次库存减去库存不超天数的耗用量，即为部分呆滞数量。当部分呆滞数量大于批次库存数量时，表示该批次整批呆滞。

第 13 章

控制呆滞库存

呆滞库存管理的核心是呆滞预警。

13.1 呆滞预警

在呆滞管理中，弄清楚呆滞的原因、呆滞的责任归属和呆滞的处理方式非常重要，但是，呆滞管理的重点是如何消除和控制呆滞。这是呆滞管理的主要任务，更是呆滞管理的价值所在。

弄清楚呆滞的原因、呆滞的责任归属和呆滞的处理方式有助于消除和控制呆滞。

要想有效地消除和控制呆滞，较好的方法是进行呆滞预警。呆滞预警是库存控制实战模型特别强调的一种预警。

1. 呆滞管理的核心是呆滞预警的原因

呆滞管理的核心是呆滞预警的原因主要有以下四个。

（1）呆滞预警是一项计划工作

呆滞管理是一项管理，故其包括计划、组织、协调和控制四大职能。在这四大职能中，计划工作在管理的各项工作中处于核心位置。在呆滞管理的各项内容中，呆滞预警所承担的正是呆滞管理的计划职能。

（2）呆滞管理是一种事前管理

呆滞管理涉及从呆滞可能产生到呆滞产生，再到呆滞处理的整个过程。在此过程中，呆滞预警解决的是"呆滞可能产生"这个事前阶段的问题，因此，呆滞管理是一种典型的事前管理。

呆滞的原因、呆滞的责任归属和呆滞的处理方式虽然也是呆滞管理过程的一部分，但它们解决的是呆滞产生之后阶段的问题，是呆滞成为事实之后的做法，属于事后管理。

在过程管理中，事前管理强于事中管理，事中管理强于事后管理。呆滞管理作为一种事前管理，自然处于核心位置。

（3）呆滞预警是一种从源头上解决问题的方法

毫无疑问，从源头上解决问题是最有效、最彻底的管理方法，釜底抽薪式地解决问题是管理的追求。呆滞预警正是一种尝试釜底抽薪式解决问题的方法。

呆滞管理的目的是消除和控制呆滞，而消除和控制呆滞更好的方法是不产生呆滞，因此，我们需要提前识别，提前预警，这正是呆滞预警需要做的事。

（4）呆滞预警是一项重复且需要持续改善的工作

在企业管理中，日常针对呆滞预警的管理工作可以分为以下两类。

① 重复的工作，即在某一阶段内或某一个事项发生时，按照既定的流程完成任务，如分析呆滞产生的原因、确认呆滞的责任归属和呆滞的处理方式等。

② 持续改善的工作，即在原来工作的基础上不断地提升、优化和改善。呆滞预警因其作业特性及专业特性，需要与时俱进，不断地进行优化和提升，故其是一项需要持续改善的工作。

2. 呆滞预警的组合方法

对于如何进行呆滞预警，可以采取"呆滞预警模型 + 呆滞预警流程"组合方法。其中，呆滞预警模型是以需求预测为基础，经计算分析得出预警结果的一个数据统计模型，是供应链管理中的数据；而呆滞预警流程是在呆滞预警管理中明确各项作业的操作步骤及各项作业责任人的规定与制度，是供应链管理中的流程。

在该组合方法中，呆滞预警模型和呆滞预警流程既是共存关系、组合关系，也是叠加关系，二者互相补充。也就是说，呆滞预警模型与呆滞预警流程需要同步进行，这样才能有效地进行呆滞预警和呆滞管理。

13.2 呆滞预警模型

表 13-1 是用 Excel 制作的呆滞预警模型。本例采用"往前看 + 往内看"组合方法来确定呆滞库存。

表 13-1　呆滞预警模型

呆滞预警模型								预警阈值	0.75	当天日期	2020 年 8 月 20 日	
物料编码	物料名称	单位	物料分类	保质期（天）	库存不超天数	现有库存（包含在途库存）	生产日期	日均需求量	可供应库存天数	呆滞预警1—异常	呆滞预警2—过保质期	呆滞预警3—使用不完
W0001	A	千克	常规物料	120	80	3 000	2020 年 8 月 17 日	48	62	—	—	呆滞预警
W0002	B	千克	异常物料	90	50	2 000	2020 年 8 月 4 日	80	25	呆滞预警	—	—
W0003	C	千克	常规物料	60	40	500	2020 年 7 月 5 日	30	16	—	呆滞预警	—
W0004	D	千克	呆滞物料	150	90	200	2019 年 11 月 16 日	0	0	呆滞	呆滞	呆滞

1. 呆滞预警模型的建模步骤

呆滞预警模型的建模步骤如下。

（1）物料分类

呆滞预警模型建模的第一步是对物料进行分类。将全部物料分为常规物料、异常物料和呆滞物料三大类。

① 常规物料。日常消耗正常的物料，没有异常的物料。这类物料是呆滞预警监控的重点。呆滞预警的主要功能是将常规物料中可能成为呆滞的物料提前预警出来，从而采取一些措施进行预防和控制。

② 异常物料。库存控制人员根据已掌握的相关信息，知道未来可能出现异常的物料。例如，因产品退市，可能造成一些物料下架或准备下架，这些物料就是异常物料。异常物料可能会成为呆滞物料，需要进行预警。

③ 呆滞物料。因为已经确定是呆滞物料，所以在模型中不用进行预警，直接显示"呆滞"字样。

（2）确定模型的两个基本参数

呆滞预警模型建模的第二步是确定模型的两个基本参数：库存不超天数和保质期。这两个参数需要根据企业的管理思路和管理要求提前讨论确定。

① 库存不超天数是采用"往前看"的方法确定呆滞库存的主要参数，是指现有库存（包含在途库存）能够使用的天数最多不能超过多少天。如果超过该天数，那么将超出该天数的库存判定为呆滞库存。

② 保质期主要针对对产品新鲜度或产品时效性有要求的产品进行控制。如果物料对保质期要求不敏感，那么呆滞预警模型中的这一列可以省略。

（3）预测日均需求量

在这一步中，要按照需求预测结果，在模型中导入所预测的日均需求量数据。需求预测是呆滞预警重要的输入之一，也是呆滞预警的前提和基础。也就是说，如果没有需求预测结果，就无法进行呆滞预警。

（4）计算可供应库存天数

在这一步中，根据现有库存和日均需求量，计算现有库存的可供应库存天数。物料的现有库存是指该物料全链的库存，包括客户的库存、公司的库存和供应商的库存。

可供应库存天数的计算公式如下：

可供应库存天数 = ROUNDDOWN（现有库存 ÷ 日均需求量，0）

公式中，ROUNDDOWN 为向下取整函数。

（5）设定预警阈值

在离标准多久时或达到标准的一定程度时需要报警，这个"多久"和"一定程度"的值就是预警阈值。

例如，事前确定当物料总库存超过 75 天用量时，超过的部分判定为呆滞库存，其中"75 天"是库存不超天数。在实际工作中，不能等到物料总库存超过 75 天用量才被发现，库存控制人员需要提前知道，所以呆滞预警模型需要提前预警。这时，就需要设定一个预警阈值，如设定为 60 天，当物料总库存超过 60 天用量时立即进行预警，这"60 天"就是预警阈值。

预警阈值的设定需要根据企业的实际情况考虑多方面因素。

（6）预警设计

设定预警阈值后，可以用 Excel 函数或公式对模型进行预警设计。

采用"往前看 + 往内看"组合方法确定呆滞库存主要适用以下两种预警情形，一是临近保质期的预警，二是使用不完的预警。

2. 呆滞预警模型日常运行的注意事项

建立呆滞预警模型后，可以按模型日常运行的结果进行呆滞预警，并按呆滞预警流程进行后续处理。

在呆滞预警模型的日常运行过程中，需要注意以下两个事项。

（1）模型建立完成后，相关人员需要持续地运行和监控模型，并按照呆滞预警流程的要求进行预警后的各项操作。

（2）模型是动态的，相关人员需要根据实际情况对模型进行更新与优化，以保障模型的可用性和有效性。

13.3 呆滞预警流程

呆滞预警流程是企业管理流程中的一种。既然是企业的管理流程，一般都有其固定模式，但会因行业不同、企业不同、管理不同而各有差异，这里无法对呆滞预警流程展开具体的阐述。

此处只介绍呆滞预警流程中的三个注意点。

1. 对可能造成呆滞的信息流转的规定

对可能造成呆滞的信息如何流转必须写进呆滞预警流程。在流程中需要有明确的规定，要求决定这些信息或得知这些信息的人必须第一时间与供应链共享，同时及时告知库存控制人员。

可能造成呆滞的信息快速按规定流转，可以有效地对物料进行呆滞预警，从而及时采取措施，减少和避免更大的损失。

可能造成呆滞的信息因行业、产品或物料特性而不同，包括但不限于以下几个。

（1）产品和物料下架信息。例如，因市场变化或根据公司的销售策略，公司决定或准备决定某产品退市或某物料不再使用的信息。这些信息如果不能按规定快速流转，就可能会造成明明产品已下架，但与其相关的专用物料还在采购，从而形成呆滞物料。

（2）产品信息，如竞品促销、公司内部促销或新品上市等信息。

（3）客户需求变更信息，如设计变更、配方变更、客户交期变更等信息。这些信息如何流转必须在流程中做出明确规定。

（4）产品、销售等部门提前知道市场突变或可能突变的信息。不管是市场环境的异常还是政策层面的变化，企业都需要以流程规定这些信息的流转。

（5）供应商异常信息。供应商异常信息也会引起物料呆滞，如因甲供应商的 A 物料断供造成由乙供应商提供的 B 物料成为呆滞物料。

2. 呆滞预警信息发布后怎么办

呆滞预警的目的是提醒库存控制人员提前采取相应措施,有效地进行呆滞管理,从而降低或减少呆滞库存。有效地降低或减少呆滞库存主要有以下两种方法:一是及时发出预警,以便提前采取行动;二是预警后必须立即采取行动。

也就是说,当库存控制人员进行呆滞预警后,在呆滞预警流程中需要明确规定接下来需要做什么,以及由谁来做。在进行呆滞预警后,必须有人跟进,并且在跟进后进行反馈。

如果在进行呆滞预警后无人跟进,这样不仅会使呆滞预警失去意义,而且可能会错失降低或减少呆滞库存的最佳时机。

因此,呆滞预警信息发布后怎么办,需要在呆滞预警流程中做出明确规定。例如,规定当发出呆滞预警时,物料立即暂停采购和生产,已有的采购订单和生产计划进行冻结,待进一步分析后再进行解冻或正式停止等。

3. 呆滞预警流程中必须有责任承担及追责环节

追责能有效地促进呆滞预警流程的执行,能有效地保障呆滞管理的作用。因此,在呆滞预警流程中,必须有责任承担及追责环节。也就是说,呆滞预警流程中需要明确在流程的关键环节与关键节点,如果不按流程执行,将由谁来承担责任,以及其需要承担哪些责任。

需要注意的是,那些因决策失误或预测失败而造成呆滞的责任不在呆滞预警流程所讨论的范围内。

例如,流程规定,当公司决定某产品退市时,产品部需要第一时间以邮件的方式通知供应商。但在实际执行中,产品部的相关人员不按流程操作,没有及时通知供应商,结果公司已经决定产品退市,但供应商还在采购该产品的专用物料,从而造成呆滞库存的产生。这是典型的因个人责任造成的损失,呆滞预警流程中需要明确的就是这类责任,以及对这类责任的处罚规定。

13.4 呆滞预警模型应用实例

1. 模拟的呆滞预警模型

表 13-2 是模拟的呆滞预警模型。下面对该模型进行逐项讲述与解释。

表 13-2　模拟的呆滞预警模型

呆滞预警模型								预警阈值	0.75	当天日期	2020 年 8 月 20 日	
物料编码	物料名称	单位	物料分类	保质期（天）	库存不超天数	现有库存（包含在途库存）	生产日期	日均需求量	可供应库存天数	呆滞预警 1—异常	呆滞预警 2—过保质期	呆滞预警 3—使用不完
W0001	A	千克	常规物料	120	80	3 000	2020 年 8 月 17 日	48 、	62	—	—	呆滞预警
W0002	B	千克	异常物料	90	50	2 000	2020 年 8 月 4 日	80	25	呆滞预警	—	—
W0003	C	千克	常规物料	60	40	500	2020 年 7 月 5 日	30	16	—	呆滞预警	—
W0004	D	千克	呆滞物料	150	90	200	2019 年 11 月 16 日	0	0	呆滞	呆滞	呆滞

附：相关单元格公式（以第 7 行单元格为例）

可供应库存天数	= IF(E7 = "呆滞物料", 0, ROUNDDOWN(SUMIFS($H$4:$H$8, $E$4:$E$8, "<>" AND "呆滞物料", $B$4:$B$8, $B7) ÷ J7, 0))
呆滞预警 1—异常	= IF(E7 = "呆滞物料", "呆滞", IF(E7 = "异常物料", "呆滞预警", ""))
呆滞预警 2—过保质期	= IF(E7 = "呆滞物料", "呆滞", IF(DATEDIF($I7, $M$2, "D")>$F7 × $K$2, "呆滞预警", ""))
呆滞预警 3—使用不完	= IF(E7 = "呆滞物料", "呆滞", IF(K7>G7 × $K$2, "呆滞预警", ""))

（1）物料编码、物料名称和单位为已知数据，可以直接从相关表格中复制粘贴过来。

（2）物料分类。将全部物料分为三类：常规物料、异常物料和呆滞物料。

其中，异常物料是未来可能产生呆滞的物料；呆滞物料是已经确定为呆滞的物料；除了呆滞物料和异常物料，其他全部列入常规物料。

（3）保质期，即物料的实际保质期。如果企业有更加严格的内部控制要求（如在保质期的基础上设置临保期），那么可以增加"内部控制标准"列。

（4）库存不超天数是企业内部需要提前讨论确定的重要参数。库存不超天数需要根据需求情况、库容情况及企业库存和仓库管理的思路设定。库存不超天数不得大于物料的保质期或临保期。

（5）现有库存（包含在途库存）和生产日期这两个数据可以从企业信息管理系统中导入或从手工的仓库日报表、仓库明细表中导入。

（6）日均需求量。经需求预测得出的物料未来的日均需求量。此数据可以从需求预测相关模型中导入。

（7）预警阈值。本例中，预警阈值为 0.75。当实际数据超过标准（保质期和库存不超天数）时，立即进行预警。例如，保质期为 120 天，当实际日期已经超过 90 天时（120×0.75），立即进行预警。

（8）可供应库存天数经计算得出，其等于物料的现有库存除以日均需求量。其公式设置如表 13-2 所示。计算公式解析：用 IF 函数判断该行的物料分类是否为呆滞物料，如果为呆滞物料，那么可供应库存天数为零；SUMIFS 函数为多条件求和，求相同编码的物料的有效库存之和；ROUNDDOWN 函数将计算得出的可供应库存天数向下取整（不足一天的不计算，为 0 天）。

（9）第一轮呆滞预警为异常的呆滞预警。其公式设置如表 13-2 所示。计算公式解析：用 IF 函数判断，将物料分类为"呆滞物料"的标为"呆滞"（已经是呆滞物料的不用预警）；将分类为"异常物料"的标为"呆滞预警"。也就是说，所有异常物料都是需要预警的可能成为呆滞的物料。例如，某公司决定下架某物料，只要下架信息一经发出，库存控制人员就必须及时更新物料分类，更新后的物料分类为异常物料的，模型会自动进行预警，预警后首先提醒的是这批物料需要立即停止订货或生产。

（10）第二轮呆滞预警为过保质期的呆滞预警。其公式设置如表 13-2 所示。计算公式解析：用 IF 函数判断，当生产日期到当天日期的天数超过库存不超天数的 75%（也就是预警阈值 0.75）时，立即进行预警。如果以内部控制标准（如临保期）为控制标准，其公式中的"保质期"列应改为"内部控制标准"列。

（11）第三轮呆滞预警为使用不完的呆滞预警。其公式设置如表 13-2 所示。计算公式解析：用 IF 函数判断，当可供应库存天数大于库存不超天数时，立即进行预警。本例中，预警阈值为 0.75，提醒该物料可能在设定的日期内使用不完。

2. 呆滞预警流程

呆滞预警流程如图 13-1 所示。

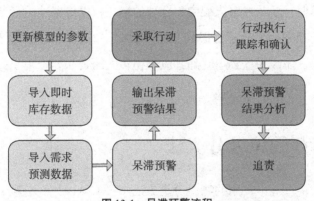

图 13-1　呆滞预警流程

（1）根据得到的或接收到的信息更新呆滞预警模型的相关参数，即更新呆滞预警模型中的保质期、库存不超天数、预警阈值等参数，以保障模型参数的准确性和有效性。

（2）从信息系统、仓库日报表或仓库明细表中导入即时库存数据。导入的即时库存数据包括物料的库存数量和生产批次信息或其他需要的信息。将即时库存数据输入呆滞预警模型后，直接触发模型运行。

（3）只要需求预测数据有变化，就需要向呆滞预警模型中导入新的需求预测数据，以准确计算可供应库存天数。

（4）将以上相关数据输入模型后，模型自动运算，对可能成为呆滞的物料进行呆滞预警。

（5）库存控制人员对模型计算的预警结果进行判断和调整，按公司约定的方式和形式向相关部门输出呆滞预警结果。

（6）相关部门收到呆滞预警结果后，按既定的要求采取行动，如采购部停止预警物料的采购。

（7）行动执行跟踪和确认对预警流程来说很有必要，因为如果不执行或执行不到位，会错失避免或减少呆滞库存的最佳时机。因此，呆滞预警发出后，相关部门是否按流程要求执行，库存控制人员需要跟踪和确认，如供应商是否立即停止物料的生产。

（8）库存控制人员需要对每次呆滞预警结果进行分析。其作用是优化和更新呆滞预警模型，以及找出流程中不合理的地方，以更好地进行呆滞管理。

（9）当已经进行呆滞预警但呆滞仍产生时，如果是人为失误造成的，那么必须有人承担责任，并且必须明确其应承担多大的责任。

13.5 库存的垃圾分类法

目前，物料管理中常用的物料分类方法主要有 ABC 分类法、XYZ 分类法、卡拉杰克矩阵分类法和需求分类法四种。这四种方法针对的是物料分类，其同样也适用于库存分类。

ABC 分类法针对的是使用量，XYZ 分类法针对的是稳定性，卡拉杰克矩阵分类法针对的是利润和供应风险，需求分类法针对的是独立需求和相关需求。在库存控制实践中，还有一个非常重要的角度，即库存健康。目前还没有一种完善的针对库存健康的分类方法。

近年来，人们很重视垃圾分类管理，垃圾分类也越来越完善。企业可以参照垃圾分类的思路，对库存进行分类。按照垃圾的四种分类方法（可回收垃圾、有害垃圾、厨余垃圾和其他垃圾），可以将库存分为四大类，并将其分别命名为绿色库存、黄色库存、红色库存和橙色库存。

1. 绿色库存

绿色库存是健康的库存。在库存价值减值前，并且在一个采购提前期内能够消耗完的库存就是健康的库存，即绿色库存。按以上定义，绿色库存需要同时满足以下两个条件。

（1）绿色库存是在质量和价值还没有发生变化时可以消耗完的库存。这里所说的质量和价值是指有时效性的产品，如食品类的保质期临近造成价格降低、产品升级换代造成价格下滑等。市场波动造成的产品价格波动不属于该范畴。

（2）绿色库存是指在一个采购提前期内能够消耗完的库存。之所以将其规定为一个采购提前期内，是因为从理论上来说，最佳的库存量是当上批库存用完，下批采购的物料刚好到货，这样库存不多不少，库存自然属于绿色库存。超过一个采购提前期的库存，理论上来说都是多余库存。

绿色库存对应垃圾分类中的可回收垃圾。

2. 黄色库存

黄色库存是存在健康隐患的库存。库存不健康一般表现为多余库存达到或超过一定的比例。黄色库存包括以下两种。

（1）安全库存。安全库存是一种典型的存在健康隐患的库存。安全库存是为了防止不确定性而常备的库存，并不是必需的库存，其本身就有可能成为多余库存。这是因为当预期的不确定性未产生时，安全库存就是多余库存。

（2）超过一个采购提前期的周转库存。周转库存的最大特点是在未来一段时间内理论上肯定会用得到的库存。但是，理论上肯定会用得到实际却不一定会用得到，这样就会成为多余库存。所以，超过一段时间的周转库存可能存在健康隐患，是一种黄色库存。

黄色库存对应垃圾分类中的其他垃圾。

3. 红色库存

红色库存是不能使用的库存。大家可能会问，不能使用的库存不就是呆滞库存吗？当然不是。不能使用的库存不等同于呆滞库存，红色库存可以理解为呆滞库存中没有机会使用的库存，即呆滞库存中的"呆"库存。

关于红色库存，有以下两点需要说明。

（1）没有绝对意义上完全不能使用的库存。红色库存是指正常需求不能使用的库存。例如，某公司的 A 物料专用于甲产品，后由于公司销售变化，甲产品下市。这样一来，A 物料在正常需求下完全不被使用，这时 A 物料就是红色库存。至于 A 物料能否转作他用（如出售或调整其他产品配比），这属于处理红色库存事务，不是区分红色库存的因素。

（2）红色库存是一定时间段的红色库存。今天是绿色库存，明天有可能会成为红色库存。因此，库存的分类只能在一个相对的时间段内进行。

红色库存对应垃圾分类中的有害垃圾。

4. 橙色库存

橙色库存是介于黄色库存和红色库存之间的库存，是指还能使用的多余库存。

（1）橙色库存是一种多余库存。橙色库存是已经确定了的多余库存，不健康的库存。在库存健康程度上，橙色库存远不如黄色库存。

（2）橙色库存是还能使用的库存，即橙色库存并不是完全不使用，只是使用量较少。

关于橙色库存，还可以这样理解：红色库存是呆滞库存中的"呆"库存，橙色库存是呆滞库存中的"滞"库存，即消耗慢，现有库存量超出未来一段时间需求的库存、滞销的库存。

橙色库存对应垃圾分类中的厨余垃圾。

第 14 章

处理呆滞库存

14.1 呆滞库存处理思路与方法

1. 呆滞库存处理思路

（1）处理呆滞库存要有顺序

我们都知道处理呆滞库存要有顺序。

在实际工作场景中，很多时候，当呆滞库存清单出来后，一般的做法是，库存控制人员或供应链管理人员召集开会，就某物料的处理方式提出各自的意见。会后，呆滞库存似乎可以处理了，呆滞库存问题也似乎解决了。

但是，两个月后，往往是原先的呆滞库存不但没有处理，还新增加了呆滞库存。

为什么会出现这种情况？其原因在于，处理呆滞库存没有顺序。

如果处理呆滞库存没有顺序，就会造成呆滞库存的处理工作没有紧迫感，没有压力，从而使呆滞库存处理工作延后或滞后，甚至不了了之。事实上，在供应链管理和库存控制实践中，呆滞库存处理到最后，往往会出现除了计划人员着急，大家都不着急的现象，甚至很多人根本就忘了这件事。

因此，处理呆滞库存需要践行第一个思路，即处理呆滞库存要有顺序。

（2）处理呆滞库存需要按正确的顺序

处理呆滞库存不仅要有顺序，还要按正确的顺序。在处理呆滞库存时，需要明确先处理什么，再处理什么，最后处理什么，这样才能更好、更及时地处理呆滞库存。

2. 呆滞库存处理方法

呆滞库存处理跟踪明细表实例如表 14-1 所示。此表需要按期提报，定期跟踪，并及时将跟踪结果发送给相关人员，以加深大家的印象，提升呆滞库存处理的效率。

表 14-1　呆滞库存处理跟踪明细表实例

呆滞库存处理跟踪明细表												提报日期	2020 年 8 月 20 日
物料编码	物料名称	单位	保质期（天）	呆滞数量（个）	生产日期	呆滞判定日期	呆滞原因	呆滞处理方法	要求处理完成日期	处理责任人	实际处理日期	实际处理数量（个）	剩余处理数量（个）
W0001	A	千克	270	100	2019 年 11 月 5 日	2020 年 8 月 9 日	过保质期	报废	2020 年 8 月 14 日	××	2020 年 8 月 13 日	100	0
W0002	B	千克	270	200	2020 年 3 月 20 日	2020 年 8 月 9 日	过保质期	W 产品使用	2020 年 8 月 16 日	××	2020 年 8 月 16 日	150	50
W0003	C	千克	270	300	2020 年 4 月 14 日	2020 年 8 月 9 日	库存用不完	Y 产品使用	2020 年 9 月 3 日	××	2020 年 8 月 19 日	200	100
W0004	D	千克	270	2 000	2020 年 7 月 19 日	2020 年 8 月 9 日	库存用不完	为期 30 天促销	2020 年 9 月 13 日	××	2020 年 8 月 20 日	280	1 720
W0005	E	千克	60	90	2020 年 7 月 19 日	2020 年 8 月 19 日	过临保期	新增，待确定	—	××	—		90

呆滞库存处理跟踪明细表的提报一般分以下两种方式进行。

（1）定期提报：至少每月提报一次呆滞库存处理跟踪明细表。建议大家根据呆滞库存判定模型，在每月月初的 5 日左右定期发出。

（2）不定期提报：只要有新的呆滞库存产生，就发出呆滞库存处理跟踪信息，邮件正文注明新增呆滞库存的详细数据，附件里包含完整的更新之后的呆滞库存处理跟踪明细表。

呆滞库存处理跟踪明细表中的主要项目说明如下。

（1）呆滞数量、呆滞判定日期和呆滞原因这三项从呆滞库存判定模型中取数，主要说明物料被判定为呆滞时的数量是多少、何时被判定为呆滞的，以及判定为呆滞的原因是什么。

（2）呆滞处理方法、要求处理完成日期和处理责任人这三项为企业管理者或呆滞库存处理相关会议做出的决议，主要说明已经确定的呆滞库存采取什么方式处理、何时处理并处理完成，以及由谁负责处理。

（3）实际处理日期和实际处理数量需要计划人员按照处理要求主动跟踪。

（4）剩余处理数量为计算结果，用以提醒相关人员。

14.2　呆滞库存处理的三组顺序

A 企业是一家食品制造企业。因自我质量控制及客户相关货架期要求等原因，A 企业将保质期超过三分之一的成品判定为呆滞成品。

A 企业对呆滞成品的处理主要采取市场促销的方式进行。打折或搭赠促销处理呆滞原本是一种较常见且有效的处理方式，但 A 企业的处理结果却不尽如人意。尽管 A 企业的促销力度很大，但客户兴趣不是很大，造成每个月都有一些濒临保质期的产品当作福利发放甚至报废。

经分析，主要原因是 A 企业进行促销的产品都是临期产品。

大家可能会问，不是保质期超过三分之一即判定为呆滞品吗？为什么到处理呆滞品时促销的都是临期产品呢？

原来，A 企业每个月进行呆滞品处理都只是对临近保质期的产品进行折价或搭赠促销，而那些离保质期还有一段时间的呆滞品，它们认为有足够的时间去慢慢处理。它们急于销售的是临近保质期的产品。它们认为，如果这些产品再不处理，就会过保质期报废。于是，A 企业最后处理的都是临期产品。

这就是典型的处理呆滞库存没有按正确的顺序进行的案例。

处理呆滞库存需要按正确的顺序。本书给出了处理呆滞库存需要遵循的三组顺序，即先新后旧、先多后少、先易后难。

1. 先新后旧

先新后旧，即优先处理新产生的呆滞库存，再处理旧的呆滞库存。

先新后旧的思路尤其适合有保质期或对时效敏感的呆滞品的处理。下面以食品类产品为例进行说明。

先处理离保质期远的呆滞品，代表需要处理的产品日期还很新，几乎是完全正常的产品，只要稍有一点力度的促销，就能起到很好的处理效果。也就是说，先新后旧的优势是：呆滞品能够快速地被处理；呆滞品处理的损失不大；因为产品还很新鲜，不管采取哪种处理方式，对公司的品牌都没有影响。

先新后旧是一种有效的呆滞库存处理方法。

但是，采用先新后旧的方式处理呆滞库存会不可避免地面临一种情况，即因为需要先处理新的呆滞库存，可能会造成旧的呆滞库存无法处理或没有时间处理，从而被迫发放福利甚至报废的情况产生。

这种情况其实只会出现一次，即在首次按先新后旧的顺序处理呆滞库存时出现。针对第一次按先新后旧的顺序处理呆滞库存时存在的前期呆滞库存不好处理的问题，建议大家没有必要花精力解决这个相对不重要的问题，直接发放福利或报废即可。

2. 先多后少

先多后少，就是在处理呆滞库存时，先处理数量多、金额大的呆滞库存，再处理数量少、金额小的呆滞库存。按先多后少的顺序处理呆滞库存的主要原因如下。

（1）在处理呆滞库存时，可以先将数量多的呆滞库存上报给企业管理者处理。这样一来，管理者通过会更容易一些。如果先处理数量少的呆滞库存，再处理数量多的呆滞库存，管理者就会觉得呆滞库存很多，自然通过的概率也就越小。在库存控制实践中，按先多后少的顺序处理呆滞库存类似于"两害相权取其轻"的意思。

（2）当多的呆滞库存处理完后，少的呆滞库存有时可能不需要经过企业管理者，各部门就能想办法协调解决，如将某部分呆滞库存作为福利发放给员工或报废。

（3）因为多的呆滞库存已经被快速处理了，这样可以有效释放库存空间，从而提高仓库的作业效率。同时，也能提升仓库的利用率及库存周转率。

3. 先易后难

先易后难。易与难是指呆滞库存处理的难易程度。

例如，有些物料的通用性较强，可以直接以调整产品配比的方式给其他产品使用；而有的物料是某几类甚至是某产品的专用物料，通用性很差，其他产品无法使用，当其成为呆滞物料时，只能外售或报废。

先易后难，即先处理容易处理的呆滞库存，再处理难处理的呆滞库存。按先易后难的顺序处理呆滞库存的主要原因如下。

（1）先处理容易的，因为容易处理，可以快速减少呆滞库存的数量，让呆滞库存对仓库和物料管理的影响在短时间内得到缓解。

（2）因为容易处理，可以使呆滞库存处理流程更加顺畅，这样有利于提升各方的信心和配合度。

（3）一般情况下，难处理的呆滞库存的占比并不是很大。在先处理容易处理的呆滞库存后，后处理难处理的呆滞库存，我们会发现难处理的呆滞库存并没有想象的那么难处理。

14.3 呆滞库存处理的组合顺序与应用实例

前面介绍了呆滞库存处理的三组顺序，即先新后旧、先多后少、先易后难。在实际工作场景中，大家可能会问：这三组顺序之间是否存在冲突？例如，有两批呆滞库存，一批是之前产生的，数量多；另一批是最近产生的，数量少。在这种情况下，是按先多后少的顺序还是按先新后旧的顺序处理呆滞库存呢？这时可以采用呆滞库存处理的组合顺序。

1. 呆滞库存处理的组合顺序

当先新后旧、先多后少、先易后难三组呆滞库存处理顺序之间发生冲突时，可以将这三组顺序进行再排序，建立三组呆滞库存处理的组合顺序。

第一优先顺序：先新后旧。当有多批呆滞库存需要处理时，先处理新产生的呆滞库存，再处理生产日期较早的呆滞库存。

需要说明的是，先处理新的呆滞库存，并不是不处理旧的呆滞库存。新的呆滞库存处理完后，必须处理旧的呆滞库存。

第二顺位顺序：先多后少。在按先新后旧的顺序基础上，按先多后少的顺序处理呆滞库存。当处理新的呆滞库存时，先处理新的呆滞库存里数量多的。同样，在处理旧的呆滞库存时，先处理旧的呆滞库存里数量多的。

第二或第三顺序：先易后难。先易后难，就是先处理数量多的呆滞库存中容易处理的，再处理数量多的呆滞库存中难处理的，然后处理数量少的呆滞库存中容易处理的，最后处理数量少的呆滞库存中难处理的。

2. 呆滞库存处理组合顺序应用实例

表 14-2 是呆滞库存处理组合顺序实例。假设某企业月初根据呆滞库存判定模型和呆滞库存处理跟踪明细表，确定库存内有 20 个 SKU 的呆滞库存需要处理。

表 14-2　呆滞库存处理组合顺序实例

先新后旧		先多后少		先易后难		处理步骤
判定	SKU 数量（个）	判定	SKU 数量（个）	判定	SKU 数量（个）	
新的呆滞库存	12	数量多、金额大	5	容易处理	3	1
				难处理	2	2
		数量少、金额小	7	容易处理	4	3
				难处理	3	4
旧的呆滞库存	8	数量多、金额大	5	容易处理	2	5
				难处理	3	6
		数量少、金额小	3	容易处理	1	7
				难处理	2	8

按照先新后旧、先多后少和先易后难的组合顺序处理呆滞库存。

（1）在这 20 个 SKU 的呆滞库存中，有 12 个 SKU 的呆滞库存是新产生的，因此先处理这 12 个新的呆滞库存。

（2）在这 12 个 SKU 新产生的呆滞库存中，有 5 个 SKU 的呆滞库存数量多、金额大，因此先处理这 5 个 SKU 的呆滞库存。

（3）在要先处理的 5 个 SKU 的呆滞库存中，有 3 个 SKU 的呆滞库存容易处理，因此先处理这 3 个 SKU 的呆滞库存。

综上所述，第一步需要处理的是新的呆滞库存中数量多、金额大的，并且容易处理的 3 个 SKU；第二步需要处理的是新的呆滞库存中数量多、金额大的，并且难处理的 2 个 SKU。依此类推，后续处理顺序如表 14-2 所示，这里不再赘述。

在实际工作场景中，呆滞库存处理不仅要有顺序，还要有跟踪，如果没有跟踪，呆滞库存很可能会成为长期呆滞库存。

前面提到的呆滞库存处理跟踪明细表，该表的主要作用是，在确定呆滞库存的处理顺序后，对呆滞库存处理的执行情况进行跟踪。

一般情况下，呆滞库存处理跟踪明细表需要每个月正式提报一次，如果有新的呆滞库存产生，需要在呆滞库存产生时额外提报。对于呆滞库存处理跟踪明细表的提报，库存控制人员一定要有耐心，否则后续会非常麻烦。

第 5 篇

库存控制的考核

第 15 章

物料管理的 5 大原则与库存控制的三重追求

15.1 物料管理的 5 大原则

物料管理的 5 大原则（见图 15-1）是指物料管理需要遵循适时、适量、适质、适价和适地五个原则。

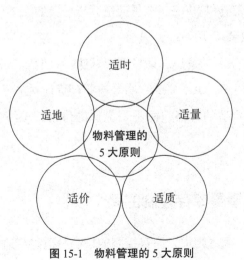

图 15-1　物料管理的 5 大原则

（1）适时，即合适的时间，在物料需要用时及时供应。也就是说，企业的供应商应在规定的时间准时交货，防止交货延迟，以免断料。

（2）适量，即合适的数量，控制适当的数量，既不超储，也不短缺。也就是说，采购或领用物料的数量不能多，以免库存高企；也不能少，以免断料。

（3）适质，即合适的质量，收发的物料均应符合企业的质量标准和要求。也就是说，供应商送来的物料的质量应符合企业的质量标准和要求。

（4）适价，即合适的价格，用合理的成本取得所需的物料。这里所说的价格，对内部供应商来说，是指各项费用与成本；对外部供应商来说，是指采购价格。

（5）适地，即合适的采购地点，寻求最近、最快地取得物料。物料的供应地与使用地距离越近越好，如果距离太远，运输成本高，不仅容易造成交货延迟，而且会使订货提前期增加，从而增加不必要的库存和不确定性。

1.5 大原则追求的是"适"，而不是"最"

物料管理的 5 大原则追求的是"适"，而不是"最"。

关于"适"，有以下三层含义。

（1）不要追求完美和 100%。在供应链管理中，如无十分必要，不要追求完美和 100%，更不要要求 100%。

（2）"适"有"按"的意思，即按照要求执行。例如，适时，即要求准时交货；适量，即既不要多，也不要少，需要按照订货计划执行。

（3）适价是指合适的价格，而不是最低的价格，单纯比价不是采购管理，更不是供应链管理。

2. 适时与适量是库存控制的两个核心

在物料管理的 5 大原则中，库存控制的核心是适时与适量。

从理论上来说，库存的物料刚好用完时到货最为合理，按每日的需求量到货也最为合理。但在实际工作中，供应链的需求和供应两端都在快速变化，几乎不可能做到物料刚好用完时到货，也不可能做到在下次到货时物料刚好用完。为了更好地应对不确定性，需要准备安全库存，并在此基础上建立一套有效的订货模型来指导订货。

15.2 物料管理的三个不

1. 物料管理的"三不"

物料管理的"三不"是指物料管理需要做到不断料、不囤积物料和不呆料。物料管理的"三不"是物料管理从低到高的追求，也是一种必然的过程。它代表了物料管理的三重境界，同时也是库存控制的三重追求。

（1）不断料

不断料是指生产或销售过程中不缺料。这是物料管理最基本的要求。

有时候，因各种原因和不确定性，在实际工作中总会有断料情况发生。在断料不可避免的情况下，不断料控制的最低要求是能够提前知道断料，即库存控制人员要知道何时会断料。

不断料是物料管理的第一重境界，是库存控制的第一重追求。

（2）不囤积物料

不囤积物料就是不在现场囤积大量物料。不断料很重要，但库存控制人员不能为了不断料就去大量囤积物料。

囤积物料虽然能解决不断料的问题，但是会带来一系列不良后果，如库存高企或库存失控、容易造成物料呆滞等。在实际工作中，囤积物料是一种不负责任的做法，并且往往得不偿失。

不囤积物料是物料管理的第二重境界，是库存控制的第二重追求。

（3）不呆料

不呆料是指没有呆滞的物料，即在库的物料都是合理流转的，都是近期可能使用且能够使用完的。

呆料的直接损失是物料处理成本和减值损失，不呆料能够减少这些成本和损失，降低呆滞风险，加速库存周转，从而降低整体库存。

不呆料是物料管理的第三重境界，是库存控制的第三重追求。

2. 物料管理的顺序

不断料、不囤积物料和不呆料是物料管理的三重境界，也是物料管理要求从低到高的过程。也就是说，物料管理需要先解决不断料，再解决不囤积物料，最后解决不呆料。

断料影响的是需求和客户，需求没有了，就没有客户了；没有客户了，公司就无法存在，库存控制也就自然不存在了。因此，不断料是库存控制的第一优先级。

解决了不断料后，接下来就要尽可能地降低库存，而降低库存较好的方法是不囤积物料。

呆滞库存产生的原因主要有两个，一是买多了或生产多了，二是卖少了。库存控制人员需要具备一定的预测能力，能通过收集和综合各方信息，知道或预测到何时调整控制买多，以及何时卖少。

3. 如何做好物料管理的"三不"

在库存控制实践中，库存控制做得好与坏，库存控制人员能否将物料管理做到位，最终都会体现在"三不"上。要想做好物料管理的"三不"，可以从以下三个方面着手。

（1）不断料：在需求发生前及需求发生过程中，梳理、汇总和分析当前及接下来的需求，据此对在库的物料的数量和质量进行检查、确认，以解决断料的问题。

（2）不囤积物料：严格按计划需求的数量进行生产或采购，不少生产，也不多采购，以解决囤积物料的问题。

（3）不呆料：定期对在库的物料进行评估，如一个月进行一次，对较长时间不使用有呆滞风险的物料及时申报，及时清理，保证在库的物料的可用性，以解决呆料的问题。

第16章
库存周转率与库存控制人员的
考核指标

16.1 库存周转率及其计算方法

库存周转率是一个非常重要的库存控制指标，也是一个财务指标，主要体现库存的健康程度，以及企业资产或企业现金的周转率。库存周转率反映的是库存周转快慢程度和企业某一时间段的库存控制水平。库存周转率通常以月或年来统计。

1. 库存周转率的计算公式及公式参数的设定

库存周转率的计算公式如图 16-1 所示。

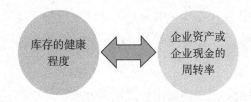

库存周转率 =（仓库的出库总量 ÷ 仓库的平均库存）× 100%

图 16-1　库存周转率的计算公式

虽然库存周转率的计算公式看起来非常简单，但如果公式的几个参数设定方法不一样，其所计算出来的结果也会不一样。

如何设定库存周转率的计算公式的参数呢？库存周转率如何计算才更加合理呢？在回答这两个问题前，需要先解决以下三个问题。

问题一：出库量和库存量使用什么单位？

对于库存周转率的计算，建议大家使用金额作为出库量和库存量的单位。这是因为仓库内的物料种类多，各种物料的规格不同、计量单位不同、价格不同。如果用数量作为单位，其最大的问题是不能进行汇总（不同单位的数量无法相加），自然就不能进行比较与分析，更不能直观地反映库存控制水平。

当然，如果只计算特定的某物料的库存周转率，那么可以使用数量作为单位。另外，如果仓库内的物料的单位统一或可以换算成统一单位，也可以使用数量作为单位。例如，有的企业只做单一类型的产品，产品单位可以换算为吨或统一标准箱数、标准件数，在这种情况下，就可以使用数量作为单位来计算库存周转率了。

问题二：如何计算平均库存？

平均库存的计算公式如图 16-2 所示。

公式一：平均库存 =（期初库存 + 期末库存）÷ 2

公式二：年度平均库存 = 每月库存之和 ÷ 12

公式三：平均库存 = AVERAGE（每日库存）

图 16-2　平均库存的计算公式

不建议大家采用图 16-2 中公式一和公式二来计算平均库存，因为其存在较大的偶然性，并不能反映真实的库存水平。另外，这两种计算方法容易受人为调整和操控。

因此，建议大家采用图 16-2 中公式三来计算平均库存，即以每日库存求平均。这样可以有效地避免计算的偶然性，能够反映真实的库存水平，并能防止人为调整和操控。

问题三：在库存周转率的计算公式中，出库总量使用的是销售成本还是销售数额？

建议大家使用销售成本。这是因为在平均库存的计算公式中，分母即平均库存的金额，是按照仓库内各种物料的价格或单位生产成本乘以库存数量并汇总得出的。也就是说，分母用的是成本，用的是原材料和成品的总成本。既然分母是成本，那么分子也必须是成本。

2. 库存周转率计算实例

库存周转率计算实例如图 16-3 所示。

已知某企业 7 月：

- 销售金额为 1 200 万元
- 平均销售成本率为 70%
- 期初库存为 550 万元
- 期末库存为 600 万元
- 每日平均库存为 800 万元

按销售金额、平均销售成本率、每日平均库存计算 7 月库存周转率：
$1\,200 \times 70\% \div 800 \times 100\% = 105\%$

按销售金额、期初和期末库存计算 7 月库存周转率：
$1\,200 \div [(550+600) \div 2] \times 100\% \approx 209\%$

图 16-3 库存周转率计算实例

从图 16-3 中可以看出，按销售金额、平均销售成本率、每日平均库存计算 7 月库存周转率为 105%；按销售金额、期初和期末库存计算 7 月库存周转率约为 209%，明显虚高。

3. 库存周转率与库存周转次数、库存周转天数的关系

与库存周转率一起出现的还有两个概念：库存周转次数和库存周转天数。

库存周转率与库存周转次数不同的是，库存周转率用百分比表示，而库存周转次数用数值表示。库存周转次数的计算公式如图 16-4 所示。

> 库存周转次数 = 仓库的出库总量 ÷ 仓库的平均库存

图 16-4　库存周转次数的计算公式

在图 16-3 所示的库存周转率计算实例中，某企业的 7 月库存周转率为 105%（按销售金额、平均销售成本率、每日平均库存计算），那么该企业的月库存周转次数就是 1.05（1 200 × 70% ÷ 800）次。

库存周转天数和库存周转率的关系如图 16-5 所示。

> 库存周转天数 = 期间总天数 ÷ 库存周转率
>
> ➢ 月库存周转率，期间总天数为 30 天
> ➢ 年库存周转率，期间总天数为 365 天

图 16-5　库存周转天数和库存周转率的关系

期间总天数中的"期间"就是库存周转率的计算期间。如果计算的是月库存周转率，那么期间总天数为 30 天；如果计算的是年库存周转率，那么期间总天数为 365 天。

在图 16-3 所示的库存周转率计算实例中，某企业的 7 月库存周转率为 105%（按销售金额、平均销售成本率、每日平均库存计算），那么该企业的月库存周转天数约为 28.6（30 ÷ 1.05）天，即每 28.6 天库存周转一次，或者说库存周转一次需要 28.6 天。

16.2 库存控制人员的考核指标

1.库存周转率不适合作为库存控制人员的考核指标

说到对库存控制人员的考核，大家第一个想到的考核指标可能是库存周转率。笔者认为，库存周转率不适合作为库存控制人员的考核指标。

在库存控制实践中，库存周转率虽然是库存控制最关键的指标，但用它来考核库存控制人员并不合适。这是因为企业的库存看起来是库存控制人员在管理，但实际上，物料的采购、留存和库存总量等是库存控制人员无法控制的（如采购提前期和最小起订量的确定），库存控制人员也没有权限去控制（如批量采购、风险采购或投机采购、帮助客户或供应商处理呆滞物料等）。

库存控制人员无法控制库存总量等，但企业却要用库存周转率来考核库存控制人员，这显然不合适，也起不到应有的作用。因此，库存周转率不适合作为库存控制人员的考核指标。

2.库存控制人员的三大考核指标

建议大家使用两个定量指标和一个定性指标来考核库存控制人员。具体内容如下。

（1）缺货断料比率

不断料是库存控制最基础、最起码的要求。在库存控制实践中，库存控制人员最重要的工作就是保障物料不断料。

因此，缺货断料比率是考核库存控制人员的一个考核指标，并且是最重要的一个考核指标。建议该指标占 50% 的权重。

对于缺货断料比率的计算，主要有以下两种计算方法。

① 以期间内缺货断料总次数与发货总金额进行对比，计算公式如下：

月缺货断料比率 ＝ （当月缺货断料总次数 ÷ 当月发货总金额）×100%

当然，如果物料的单位统一或可以换算成统一单位，那么可以用缺货断料总次数与发货总数量进行对比。

② 以期间内缺货断料订单总金额与发货总金额进行对比，计算公式如下：

月缺货断料比率 ＝ （当月缺货断料订单总金额 ÷ 当月发货总金额）×100%

建议大家采用第一种计算方法计算月缺货断料比率。

（2）呆滞比率

呆滞比率的计算公式如下：

呆滞比率 ＝ （期末的呆滞库存金额 ÷ 本期的平均库存总金额）×100%

建议大家采用每日实际库存的平均数来计算本期的平均库存总金额。

建议该指标占 35% 的权重。

（3）上级评价

缺货断料比率和呆滞比率都是定量指标，而上级评价是定性指标。

针对上级评价这一考核指标，以企业管理者个人的主观感觉进行评价即可，即对被考核者在一个考核期内的表现进行评分。

建议该指标占 15% 的权重。